国家高等职业教育轮机工程技术专业教学资源库实训教材

船舶动力设备操作

主编　翁石光　李德珊
主审　杨小明

大连海事大学出版社

图书在版编目(CIP)数据

船舶动力设备操作 / 翁石光,李德珊主编 .—大连 :大连海事大学出版社, 2014.8
(2024.7 重印)
国家高等职业教育轮机工程技术专业教学资源库实训教材
ISBN 978-7-5632-3055-6

Ⅰ.①船… Ⅱ.①翁… ②李… Ⅲ.①船舶机械—动力装置—高等职业教育—教材
Ⅳ.①U664.1

中国版本图书馆 CIP 数据核字(2014)第 201596 号

大连海事大学出版社出版

地址:大连市黄浦路523号 邮编:116026 电话:0411-84729665(营销部) 84729480(总编室)
http://press.dlmu.edu.cn E-mail:dmupress@dlmu.edu.cn

大连永盛印业有限公司印装	大连海事大学出版社发行
2014 年 8 月第 1 版	2024 年 7 月第 4 次印刷
幅面尺寸:184 mm×260 mm	印张:13.25
字数:326 千	印数:4001~5000 册

出版人:刘明凯

责任编辑:苏炳魁	责任校对:阮琳涵
封面设计:王　艳	版式设计:解瑶瑶

ISBN 978-7-5632-3055-6　　定价:29.00 元

前言

由于船舶轮机管理工作实践性要求较高,所以有效增强海船船员的实践操作水平和适任能力越来越受到海事主管部门及航海教育工作者的重视。随着船舶轮机工程技术的不断发展,现阶段航海职业院校如何加强学生职业能力培养业已成为海事主管机关和航海教育界面临的重大挑战。

2011 年 8 月,由南通航运职业技术学院和福建船政交通职业学院联合牵头,全国 35 家航海高职院校和企业联合参与建设的轮机工程技术专业教学资源库获批为教育部高等职业教育专业教学资源库 2012 年度立项建设项目。根据轮机工程技术专业的海船船员(轮机员)岗位要求及适任评估要求,以评估规范为基础,资源库项目组建成了全面体现轮机工程技术专业岗位职业能力的 10 大模块教学资源,每个模块中涵盖实践教学片、实训教材。其中,实践教学片采用实景拍摄,生动、形象、直观地展示船舶设备实践操作技能,便于学员理解技能涉及的知识点,并掌握技能操作的步骤和要领;实训教材则是实践教学片的配套用书,其精选了实践教学片中技能培养的关键帧作为图片,并附上必要的文字说明,构成图文并茂的静态教学片。

本次出版的丛书包括《船舶电工工艺与电气测试》、《船舶动力设备拆装》、《船舶动力装置测试分析与操作》、《轮机英语听力与会话训练》、《自动化机舱操作》、《轮机自动控制实训》、《船舶动力设备操作》、《船舶电站操作》、《船舶金工工艺实训》、《轮机模拟器操作》等 10 部实训教材,分别由广东交通职业技术学院、江苏海事职业技术学院、南通航运职业技术学院、青岛远洋船员职业学院(2 部)、上海海事职业技术学院、厦门海洋职业技术学院、浙江交通职业技术学院、重庆交通大学应用技术学院、浙江国际海运职业技术学院等 9 个院校主持编写,并由数十位专家先后多次进行审议修订而成。该丛书满足 STCW 公约马尼拉修正案、

《中华人民共和国海船船员适任考试和发证规则》（简称“11规则”）及《中华人民共和国海船船员适任考试大纲》等相关公约规范的要求，对船员应急应变能力、关键设备操作以及管理能力的培养提供了强力支撑。

希望本丛书的编写出版能够有效提升轮机工程技术专业技术人才的实践操作水平，增强我国海船船员的国际竞争力，也衷心希望相关单位、同行专家及广大师生在使用本丛书时提出修改意见及建议，不胜感激。

轮机工程技术专业教学资源库项目建设组

2014年4月30日

编者的话

本书是根据《中华人民共和国海船船员适任考试大纲》编写的，并且作为国家高等职业教育轮机工程技术专业资源库“动力设备操作”教学视频的配套教材。本教材的内容主要包括：船舶主柴油机操作与管理，发电柴油机操作与管理，船舶辅锅炉操作与管理，泵系操作与管理，空气压缩机操作与管理，分油机操作与运行管理，液压甲板机械操作与运行管理，油水分离器操作与运行管理，造水机操作与运行管理。

本教材最为突出的特点是：教材的编写以实船生产过程为主线，图文并茂地突出展现了船舶动力设备的实际操作过程。该教材基于以履行 STCW 公约马尼拉修正案为宗旨，以指导船舶生产实践为目的，以精美的操作图片、简洁的文字说明，真实系统地反映了现代船舶机舱动力设备操作技术和管理过程，对船舶机舱的生产实践有着重要的指导意义。本教材适用于 3 000 kW 及以上二/三管轮适任评估培训教材，也可以作为轮机管理人员的参考书。

本书共九章，第一章至第四章由翁石光编写，第五章至第九章由李德珊编写，全书由翁石光统稿，书中的所有图片由李德珊从实船上采集并剪辑处理。

在国家高等职业教育轮机工程技术专业资源库建设办公室的组织下，本教材的编写得到了厦门海事局、厦门轮船股份有限公司的大力支持和帮助，同时得到了广大船友同仁的帮助，在此表示衷心的感谢。

由于编者水平有限，本教材不足之处在所难免，敬请广大同仁和读者批评指正。

编　者

2014 年 5 月

目　录

1　船舶主柴油机操作与管理 …… 1
1.1　船舶主柴油机开航前备车准备工作 …… 1
1.2　船舶主柴油机起动后的参数监测和调整 …… 14
1.3　船舶主柴油机定速后的管理 …… 19
1.4　船舶主柴油机完车操作 …… 51
2　发电柴油机操作与管理 …… 61
2.1　发电柴油机的起动和停车 …… 61
2.2　发电柴油机的运行管理 …… 72
3　船舶辅锅炉操作与管理 …… 83
3.1　辅锅炉点火前的准备工作 …… 83
3.2　辅锅炉点火、升汽 …… 91
3.3　辅锅炉运行管理 …… 100
3.4　辅锅炉的停用操作 …… 108
4　泵系操作与管理 …… 113
4.1　压载水系统的操作与管理 …… 113
4.2　舱底水系统的操作与管理 …… 127
5　空气压缩机操作与管理 …… 137
6　分油机操作与运行管理 …… 150
7　液压甲板机械操作与运行管理 …… 161
8　油水分离器操作与运行管理 …… 174
9　造水机操作与运行管理 …… 188

1 船舶主柴油机操作与管理

1.1 船舶主柴油机开航前备车准备工作

1.1.1 海事局评估要素

①压缩空气系统操作。
②主柴油机暖机操作。
③主柴油机备车时滑油系统操作。
④主柴油机备车时冷却系统操作。
⑤主柴油机备车时燃油系统操作。
⑥主柴油机盘车与冲车。
⑦主柴油机起动与试车。

1.1.2 教学设备与设施

实船机舱或学校自动化模拟机舱,本章节编制主要基于某散货船机舱实际操作。

1.1.3 实船操作

本轮主机型号为:DIESEL UNITED-SULZER RTA48T-B。主机控制方式为集控室控制,机舱有人值班。

1.1.3.1 暖机操作

主机暖缸的方式一般有两种:一是利用发电柴油机缸套水进行暖缸,将发电柴油机的缸套冷却水直接引入主机缸套冷却水的进口,再从主机缸套冷却水的出口引入发电柴油机的淡水冷却器,这期间主机缸套冷却水泵要停止使用;二是利用蒸汽加热器加热主机缸套水来进行暖缸，保持主机缸套水泵运转，泵出水要先经过缸套水蒸气加热器加热后再进入主机。如图 1-1 所示，本船的惯例是采用蒸汽加热器进行暖缸。主机冷却淡水泵一直保持运转，而且蒸汽加热器的淡水进出口阀也一直处于开启状态。在完车期间，主机一直处于暖缸的状态。

图 1-1　主机缸套水蒸气加热器

通过集控室显示屏，观察主机缸套水暖缸温度，如图 1-2 所示，本船主机缸套水出口温度维持在 73℃左右。

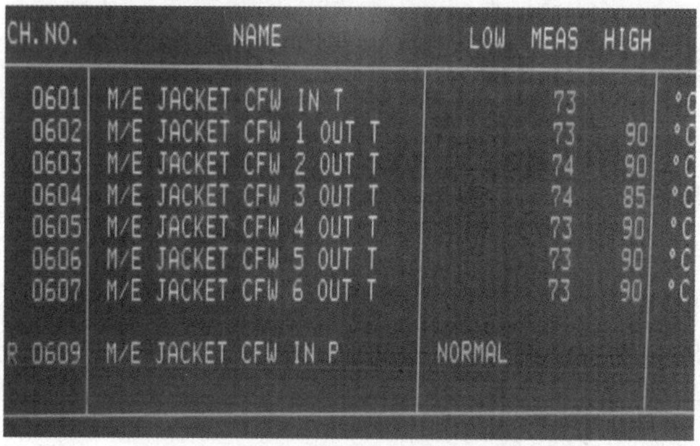

CH.NO.	NAME	LOW	MEAS	HIGH	
0601	M/E JACKET CFW IN T		73		°C
0602	M/E JACKET CFW 1 OUT T		73	90	°C
0603	M/E JACKET CFW 2 OUT T		74	90	°C
0604	M/E JACKET CFW 3 OUT T		74	85	°C
0605	M/E JACKET CFW 4 OUT T		73	90	°C
0606	M/E JACKET CFW 5 OUT T		73	90	°C
0607	M/E JACKET CFW 6 OUT T		73	90	°C
R 0609	M/E JACKET CFW IN P	NORMAL			

图 1-2　主机缸套水暖缸温度

在备车的时候，我们要起动滑油泵，包括主滑油泵及十字头滑油泵。应该先起动主滑油泵，再起动十字头滑油泵，如图 1-3 及图 1-4 所示。

图 1-3　主滑油泵控制按钮

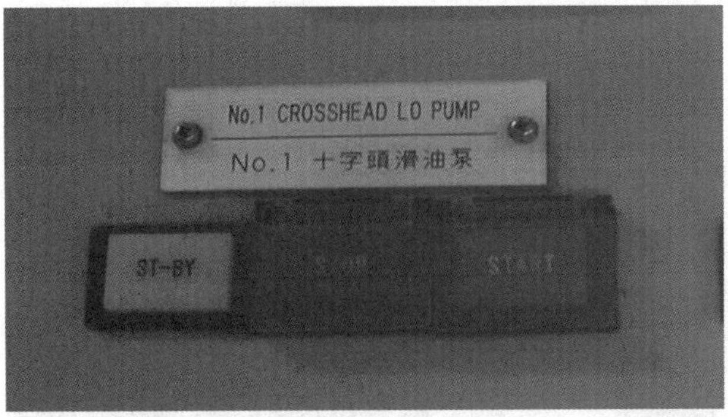

图 1-4　十字头滑油泵控制按钮

如图 1-5 所示，主滑油泵及十字头滑油泵各有两台，互为备用。当要投入使用的时候，比如按下 No. 1 主滑油泵的“START”按钮，那么，No. 1 主滑油泵就会起动运行，“START”灯亮，而 No. 2 主滑油泵自动转为备用状态，“ST-BY”灯亮。按钮“STOP”和“START”上面都有一个硬塑料片盖住，需要操作的时候，要将塑料片翻开；不需要操作的时候，要将盖子放下来，防止误操作。观察主机滑油压力、十字头滑油压力，观察主机滑油温度及十字头滑油温度，如图 1-6 所示。

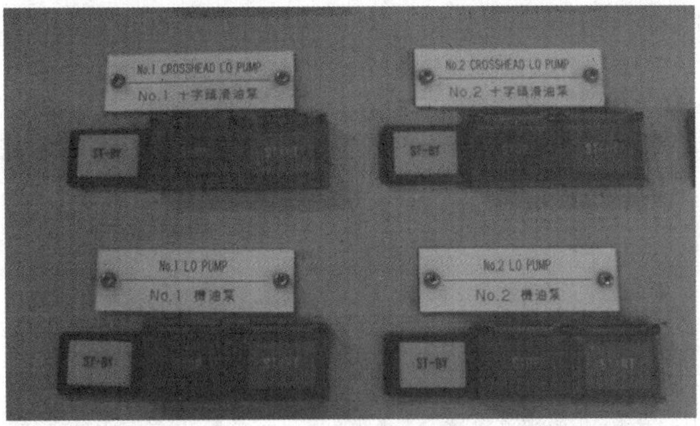

图 1-5　滑油泵控制按钮

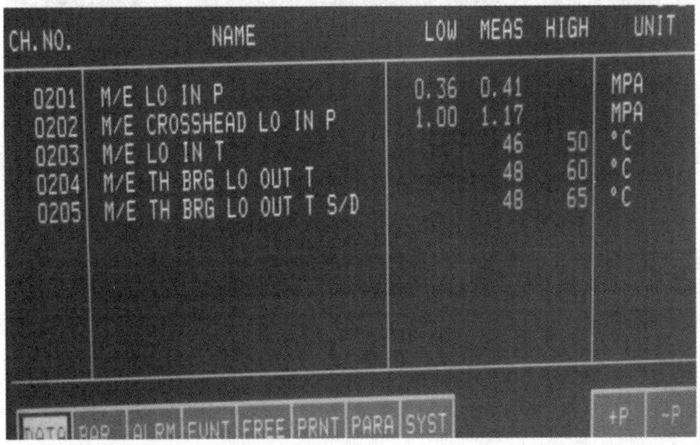

图 1-6　主机滑油参数

1.1.3.2 **盘车操作**

主滑油压力及十字头滑油压力建立之后，我们就可以进行盘车操作。盘车之前，要确认各缸示功阀处于开启状态，起动气缸注油器进行预润滑，如图 1-7 所示。

图 1-7　气缸注油器预润滑运行模式

示功阀开启，预润滑油泵起动运行之后，我们要下到机舱底层，确认盘车机已经合上，如图 1-8 所示。合上盘车机电源，将控制模式选择为“LOCAL”，起动盘车机进行盘车，盘车 15 min 后，停止盘车机运行并且脱开盘车机，复位好盘车机，同时注意盘车机控制面板工作电流，如图 1-9 所示。

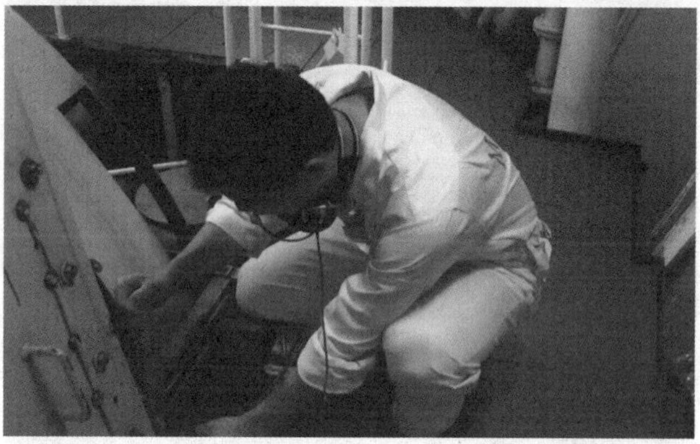

图 1-8　脱开或合上盘车机

1.1.3.3 **准备充足的电力**

主机备车时，应保证有两台发电柴油机同时运转，使发电机并联运行，如图 1-10 所示。

1.1.3.4 **压缩空气系统准备**

主机试车、起动、控制都要用到压缩空气，所以我们要做好对压缩空气的处理，保持压力正常，定时进行放残。

检查主空气瓶空气压力，对主空气瓶进行放残，如图 1-11 所示。

图 1-9　盘车机控制面板

图 1-10　1 号与 3 号发电机并联运行

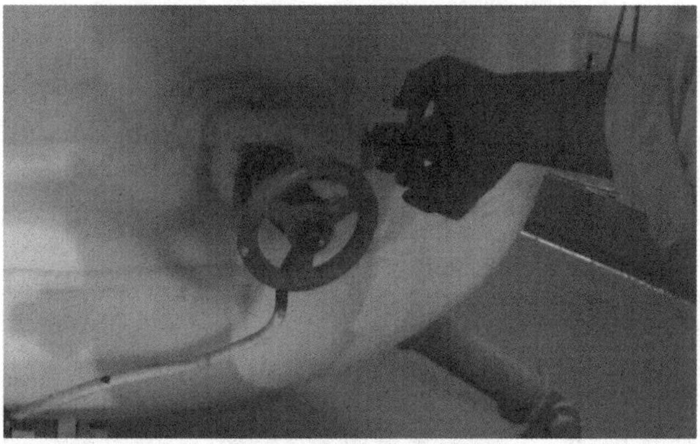

图 1-11　主空气瓶放残

对空气干燥器进行放残，如图 1-12 所示。

在集控室，检查主机排气阀空气弹簧压力及主机遥控空气压力使之处于正常的范围之内，如图 1-13 所示。

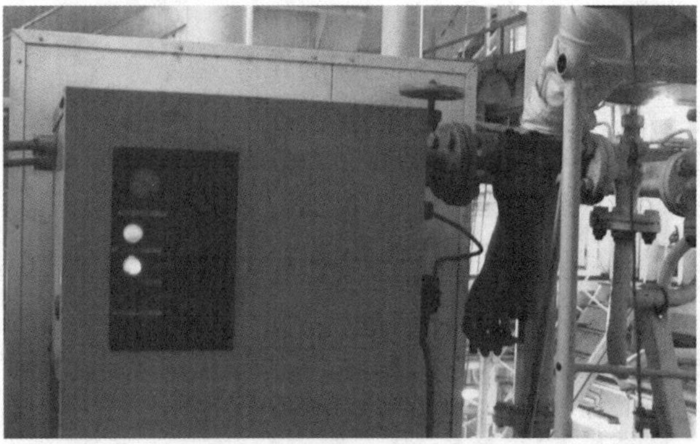

图 1-12　空气干燥器放残

图 1-13　集控室空气压力参数

1.1.3.5　对主机滑油系统进行检查

在主机滑油系统里，除了起动的主滑油泵及十字头滑油泵之外，还要对一些滑油油柜的油位进行检查。包括主机艉轴高置油柜油位、主机油底壳的油位、艉轴前密封小油柜的油位、艉轴后密封小油柜的油位，如图 1-14～图 1-17 所示。

图 1-14　主机艉轴滑油高置油柜

图 1-15　主机油底壳油位

图 1-16　艉轴前密封小油柜

图 1-17　艉轴后密封小油柜

1.1.3.6　主机冷却系统的准备

主机冷却系统,主要是对海水系统及淡水系统进行检查。检查主机缸套冷却水膨胀水箱的水位、水质情况,如图 1-18 所示。检查主机冷却海水泵并使之处于随时都可以起动的状态,如图 1-19 所示。

图 1-18 主、副机膨胀水箱

图 1-19 主机海水泵

1.1.3.7 主机燃油系统准备

对于主机燃油系统，主要是检查主机燃油日用柜的燃油温度、油位，对主机燃油日用柜进行放残。

主机在完车后，主机燃油循环泵一直保持运转，主机燃油供应泵处于一个停止的状态，如图 1-20 所示。为了让整个燃油管路加热通畅，要把燃油供应泵起动起来。

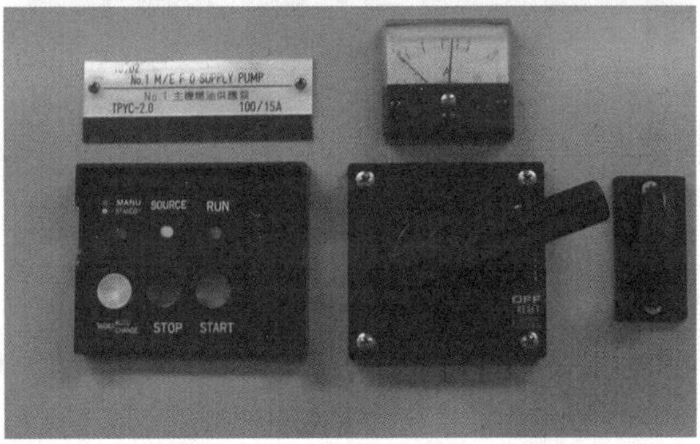

图 1-20 1 号主机燃油供应泵控制板

如图 1-21 所示,在主机燃油黏度控制器上设定燃油黏度值。

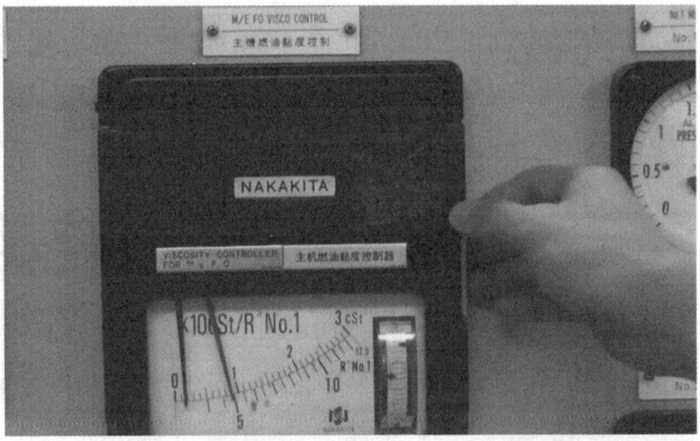

图 1-21　主机燃油黏度控制器

从集控室的监控电脑上,我们可以观察到主机的燃油温度、主机燃油压力等参数,如图 1-22 所示。

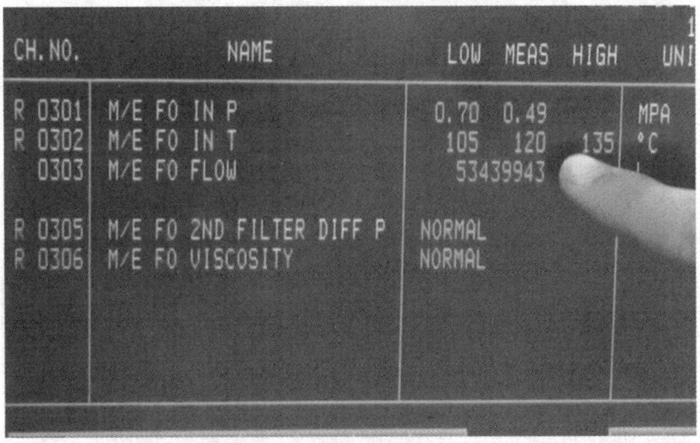

图 1-22　主机燃油参数

1.1.3.8　**与驾驶台对车钟**

以上准备工作做好之后,通过电话与值班驾驶员沟通对时钟及车钟事宜,如图 1-23 所示。

图 1-23　集控室车钟

1.1.3.9 主机进行冲车以及试车

对完车钟以后，与值班驾驶员沟通冲车与试车事宜，在获得值班驾驶员同意之后才可以进行冲车与试车操作，以确保安全。

小心缓慢地打开主空气瓶起动空气阀，如图 1-24 所示。本船在实际操作过程中，主起动空气阀一直处于开启的状态，这里就没有进行操作了。

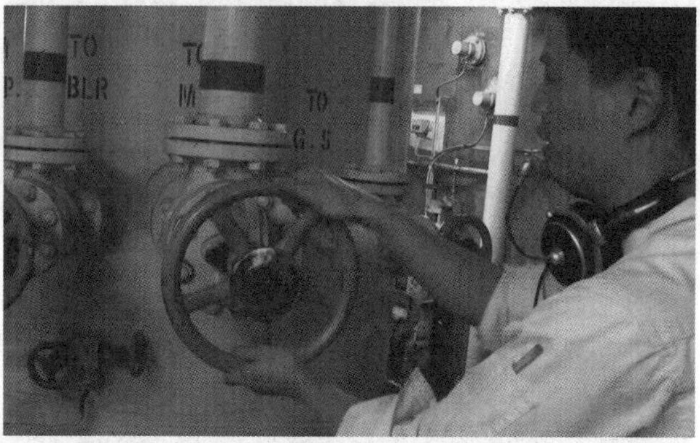

图 1-24　打开主空气瓶起动空气阀

如图 1-25 所示，取下主透平的帆布。

图 1-25　取下主透平帆布

主机在完车期间，因滑油泵停止运行等原因，主机的安全保护系统起到了保护作用，禁止主机起动运转。所以，冲车及试车时要对主机安全保护系统进行复位，如图 1-26 所示。

主机的车钟置于完车（F/W）位置时，只可以进行冲车；置于备车（S/B）位置时，可以进行冲车及试车。为了方便起见，一般在冲车的时候就要把车钟置于备车位置，如图 1-27 所示。

本主机冲车有单独的按钮，可以进行正车或倒车冲车。为了省去冲车时主机空气分配器换向，看下换向凸轮的位置，如图 1-28 所示，现在换向凸轮是位于倒车的位置。所以我们要按倒车起动按钮键，进行倒车起动，如图 1-29 所示。冲车的时候，要派人员去现场观察主机冲车的情况，及时发现不正常的情况。

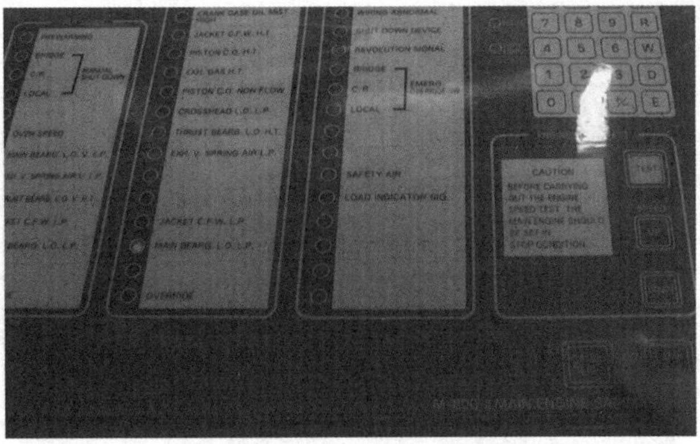

图 1-26　主机安全保护系统复位

图 1-27　集控室车钟处于 S/B 位置

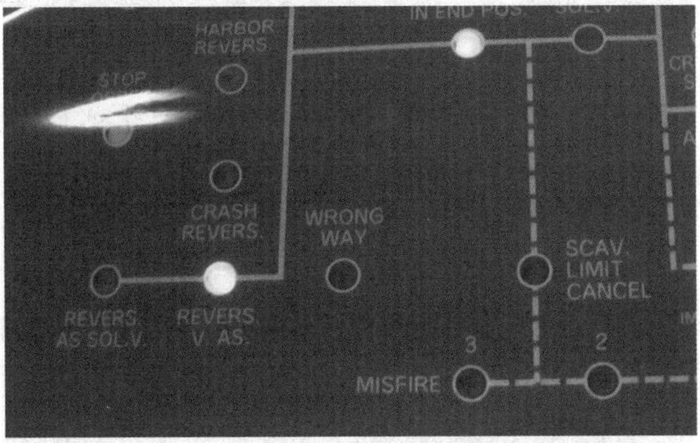

图 1-28　凸轮轴位置显示为倒车位置

图 1-29　按倒车起动按钮

冲好车之后，关闭示功阀，关闭填料函的手动放残阀，如图 1-30 所示；关闭空冷器的放残阀，如图 1-31 所示；关扫气箱放残阀，如图 1-32 所示。准备进行试车。

图 1-30　填料函手动放残阀

图 1-31　主机空冷器手动放残阀

图 1-32 扫气箱放残阀

试车之前，将鼓风机从手动转为自动，两台鼓风机就会马上先后开始自动运行，如图 1-33 所示。

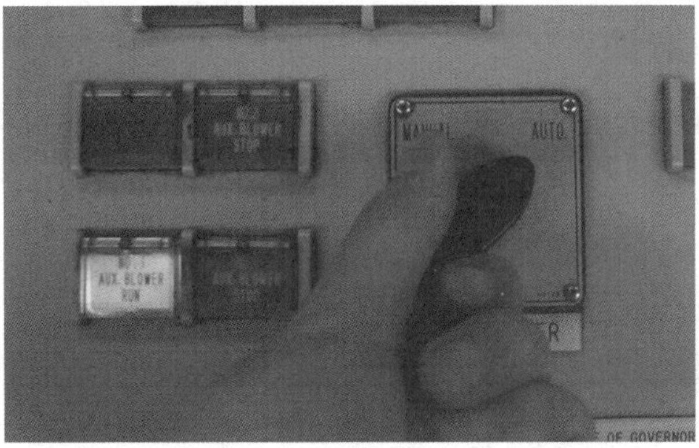

图 1-33 将主机鼓风机设为自动模式

本船的集控室车钟，同时具备传令、换向、操纵运行功能。将集控室车钟置于 D. S. AHD. 位置，观察主机起动运行情况，如图 1-34 所示。运行 10 s 之后，车钟置于 STOP 位置，观察停车情况。等主机完全停下来之后，将车钟置于 D. S. AST. 位置，观察倒车起动运行情况。运行

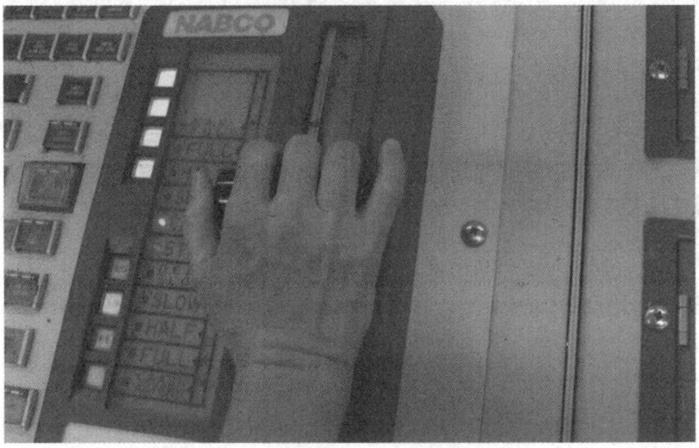

图 1-34 主机运转测试

10 s 之后将车钟置于 STOP 位置。试车的时候要派人到现场，注意主机运转的声音，现场观察主机运转情况。

主机正、倒车试车成功之后，通知驾驶台，机舱设备已经处于备妥的状态，随时可以用车。

1.2 船舶主柴油机起动后的参数监测和调整

1.2.1 海事局评估要素

①冷却水温度、压力检测及调整。

②燃、滑油压力、温度检测与调整。

③增压器增压空气压力、温度检查。

1.2.2 教学设备与设施

实船机舱或学校自动化模拟机舱，本节编制主要基于某散货船机舱实际操作。

1.2.3 实船操作

在备车航行期间，由于缸套冷却水温度调节有一定的滞后性及误差，一般进行的是对主机缸套冷却水温度进行调节以及对主机扫气温度的调节。

1.2.3.1 主机燃油参数的监测与调整

主机燃油参数主要包括主机燃油温度、主机燃油压力，包括燃油供应泵压力及燃油循环泵压力等。这些压力参数在集控室一般都可以查看得到，如图 1-35 所示，监控电脑上主机的燃油进机温度为 118℃。

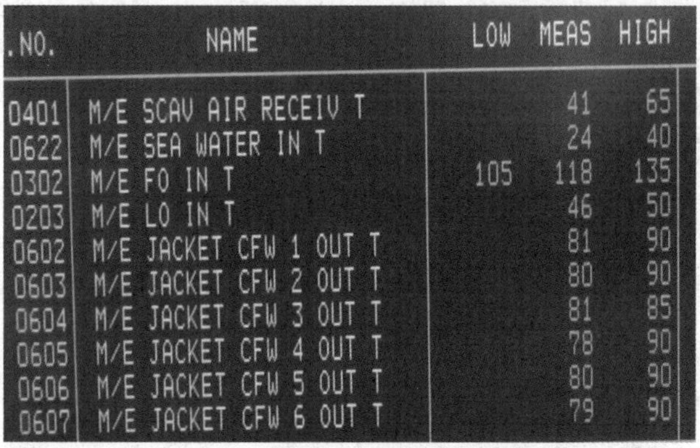

.NO.	NAME	LOW	MEAS	HIGH
0401	M/E SCAV AIR RECEIV T		41	65
0622	M/E SEA WATER IN T		24	40
0302	M/E FO IN T	105	118	135
0203	M/E LO IN T		46	50
0602	M/E JACKET CFW 1 OUT T		81	90
0603	M/E JACKET CFW 2 OUT T		80	90
0604	M/E JACKET CFW 3 OUT T		81	85
0605	M/E JACKET CFW 4 OUT T		78	90
0606	M/E JACKET CFW 5 OUT T		80	90
0607	M/E JACKET CFW 6 OUT T		79	90

图 1-35　主机部分运行参数

如果温度（黏度）不符合要求，对温度（黏度）进行调节，红针是设定值，黑针是测量值，顺时针旋转红针，温度（黏度）设定值就降低，如图 1-36 所示。

检查主机燃油压力，主机的燃油压力也会随着主机的负荷变化而变化，但这些变化都是在

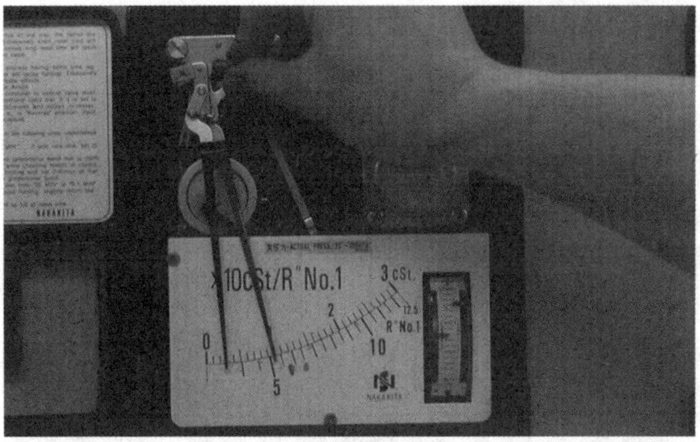

图 1-36 主机燃油黏度调节

合理的范围之内，如图 1-37 所示。

图 1-37 主机燃油压力

在主机燃油回油管路上有一个调压阀，通过调压阀来控制主机的回油压力，如图 1-38 所示。

图 1-38 主机燃油回油压力调节阀

1.2.3.2 主机缸套冷却水温度的监测与调整

主机起动之后，我们一般会将冷却水蒸汽加热器蒸汽进口阀关闭。主冷却海水泵暂时不起动。观察主机的淡水冷却温度及滑油温度,适时将主海水泵起动起来。主机缸套冷却水的温度会随着主机的负荷变化而变化。因为自动调节系统都有一定的滞后性(以及误差),我们可以通过设定主机缸套冷却水的进口温度,来改变主机缸套冷却水的出口温度,如图 1-39 所示。比如说主机负荷增加,我们应该要降低设定的进口温度;如果负荷减小,我们可以提高进口设定温度。其设定方法的调节和燃油黏度设定一样。

图 1-39　主机缸套冷却水进口温度控制器

主冷却海水温度也可以进行调节,它也有一个温度调节器,设定控制原理和主机缸套冷却水温度设定器一样,它主要是控制舱底的一个三通阀的开度,回收利用经过冷却系统的海水与主海水泵吸口的海水混合,从而调节主机海水泵的海水进口温度,如图 1-40 所示。

图 1-40　主海水出海三通阀

1.2.3.3　主机滑油参数监测及调整

从集控室的监控屏上看到主机的滑油温度是 46℃,如图 1-41 所示。这是一个主机滑油冷却器及主滑油冷却器的三通阀,如图 1-42 所示。这是一个主机滑油温度控制器,如图 1-43 所示。

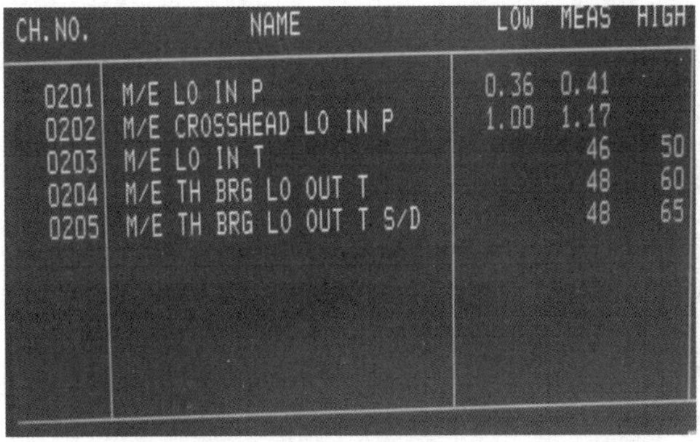

图 1-41　主机滑油参数

图 1-42　主滑油冷却器及三通阀

图 1-43　主机滑油温度控制器

它主要用来调节主机滑油冷却器的三通阀的开度。如果主机滑油进口温度太高，说明旁通量太大，这个时候它通过调节温度控制器，可以使得这个三通阀旁通关小。如果自动控制调节装置产生故障，我们可以人工调节，也就是手动调节。在转动方向上，标有 COOLER 及 BY-PASS 字样，假设现在主滑油温度是 46℃，如果想降低到 44℃，应该让手柄向 COOLER 方向转动。调节之后我们要注意滑油温度是否降低，如图 1-44 所示。

图 1-44　主滑油温度手动调节手柄

我们可以在集控室操纵台的监控屏上看到主机的滑油压力，如图 1-41 中的一栏参数所示。这个滑油压力我们一般不需要进行调节。

1.2.3.4　主机扫气参数的监测与调整

要经常检查主机的扫气压力，如图 1-45 所示。

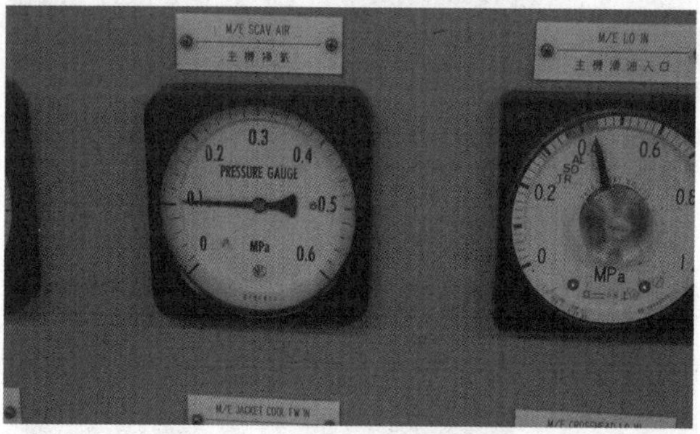

图 1-45　主机扫气压力及滑油压力

主机起动之后，主机扫气压力会随着负荷增加而增加，当增加到一定程度之后，辅助鼓风机就会自动停止运行，但是主机再次降低，扫气压力随之降低到一定程度之后，两台辅助鼓风机会再次先后自动起动运行。如图 1-46 所示，检查主机扫气温度，通过调节进空冷器冷却海水量，如图 1-47 所示，来对主机的扫气温度进行调节。

图 1-46　主机的扫气温度

图 1-47　主机空冷器和海水管路

1.3　船舶主柴油机定速后的管理

1.3.1　海事局评估要素

①巡回检查。

②液位、压力及温度检查。

③增压系统检查。

1.3.2　教学设备与设施

实船机舱或学校自动化模拟机舱，本节编制主要基于某散货船机舱实际操作。

1.3.3　实船操作

本节以实船交接班巡回检查为例，系统地介绍了船舶主柴油机定速后的管理。每次接班前，轮机员提前 15 min 进行接班前的检查。具体巡回检查如下：

轮机员先到冰机间进行机器工况检查。冰机间里主要是空调压缩机及冰库压缩机，对其工作情况进行检查，如图 1-48 所示对空调压缩机进行检查。

图 1-48　检查空调压缩机运行参数

对冰机（冷库压缩机，又称伙食压缩机）工作情况进行检查，如图 1-49 所示。

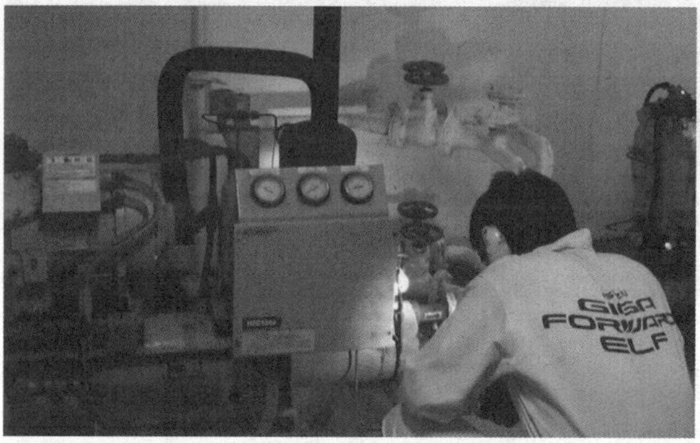

图 1-49　检查冰机运行参数

从冰机间检查完之后来到后甲板，观察主机烟囱的排烟颜色以及发电柴油机的排烟颜色，如图 1-50 所示。

图 1-50　检查排烟颜色

从后甲板进入锅炉层，检查焚烧炉的工作情况，如图 1-51 所示。

图 1-51　检查焚烧炉

检查锅炉废气侧的前后压差，如图 1-52 所示。

图 1-52　检查锅炉废气侧前后压差

检查锅炉现场蒸汽压力，如图 1-53 所示。

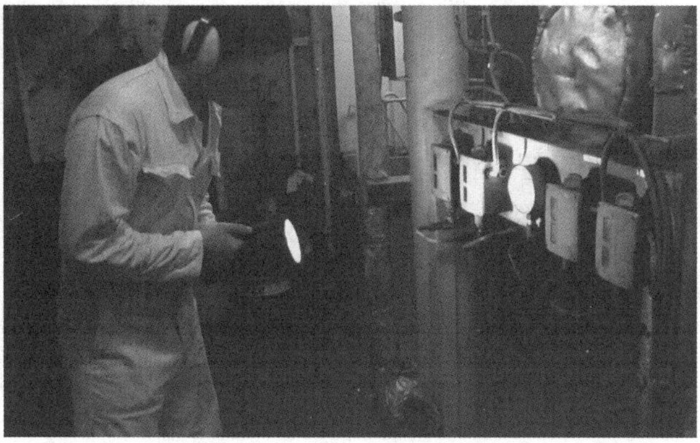

图 1-53　检查锅炉现场蒸汽压力

检查锅炉燃烧控制箱，如图 1-54 所示。

图 1-54　检查锅炉燃烧控制箱

检查锅炉本体以及锅炉水位计，如图 1-55 所示。

图 1-55　检查锅炉水位计、锅炉本体

检查膨胀水箱的水位、水质。如果水位过低，要对膨胀水箱进行补水，如图 1-56 所示。

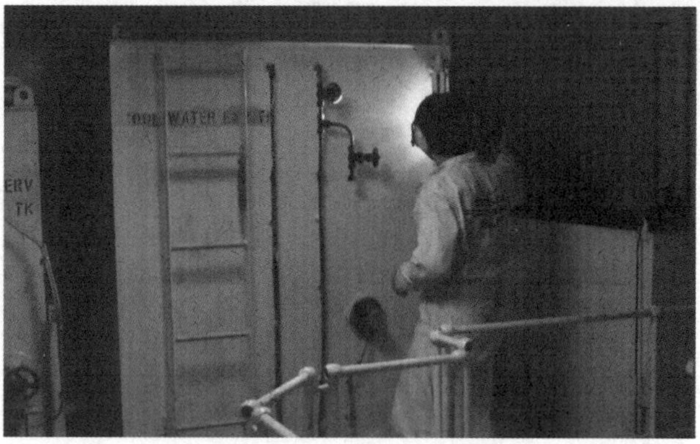

图 1-56　检查膨胀水箱

轮机员来到锅炉顶层，检查锅炉顶层燃烧器、风机工作情况，如图 1-57 所示。

从锅炉顶层下到舵机房门口，在舵机房门口，有个重力油柜。检查艉轴的高置油柜油位，如图 1-58 所示。

图 1-57　检查锅炉燃烧器、风机运行情况

图 1-58　检查艉轴高置油柜油位

进入舵机房,检查舵机的工作情况,如图 1-59 所示。

图 1-59　检查舵机工作情况

检查甲板液压泵以及油箱,如图 1-60 所示。

检查应急消防泵的工作情况,如图 1-61 所示。

图 1-60　检查甲板液压泵

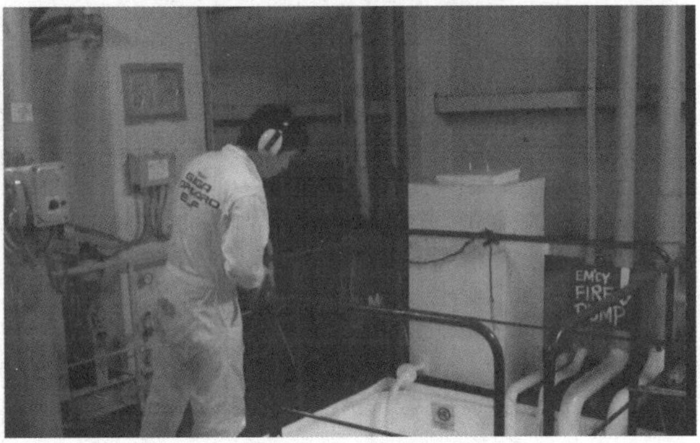

图 1-61　检查应急消防泵

舵机房检查完之后，轮机员来到了主空气瓶层，检查柴油日用柜的油位，如图 1-62 及图 1-63 所示。

图 1-62　检查柴油日用柜

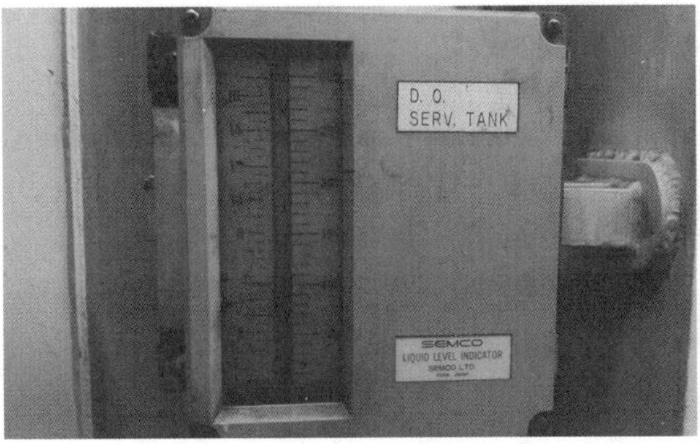

图 1-63　柴油日用柜油位指示器

检查锅炉燃油泵的情况，如图 1-64 及图 1-65 所示。

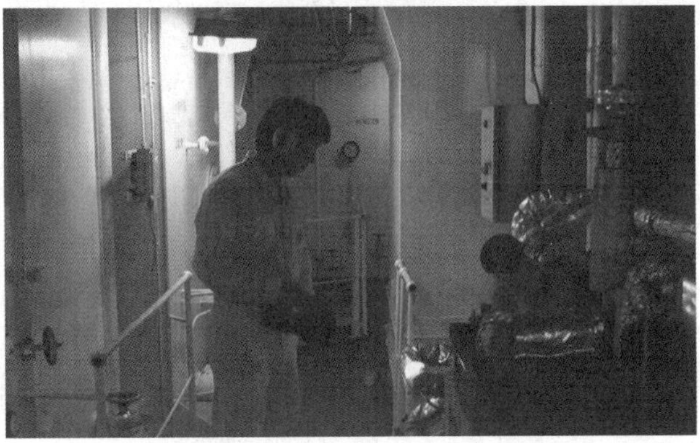

图 1-64　检查锅炉燃油泵

图 1-65　锅炉燃油泵

检查主机气缸油柜的油位，如图 1-66 及图 1-67 所示。

图 1-66　检查主机气缸油柜

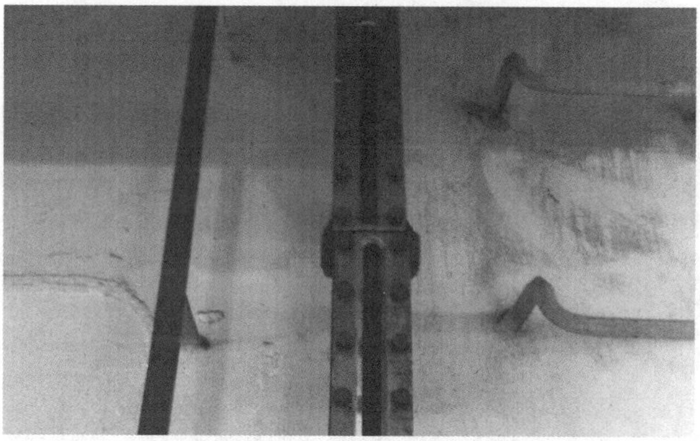

图 1-67　主机气缸油柜油位

如图 1-68 及图 1-69 所示,检查重油沉淀柜及日用柜油温、油位,并且进行放残处理,如图 1-70 所示。

图 1-68　检查重油沉淀柜及日用柜油温、油位

图 1-69　检查重油日用柜油温、油位

图 1-70　重油柜放残阀

检查日用空气瓶的压力，如图 1-71 及图 1-72 所示。

图 1-71　检查日用空气瓶

图 1-72　日用空气瓶

检查主空气瓶压力，对主空气瓶进行放残处理，如图 1-73 所示。

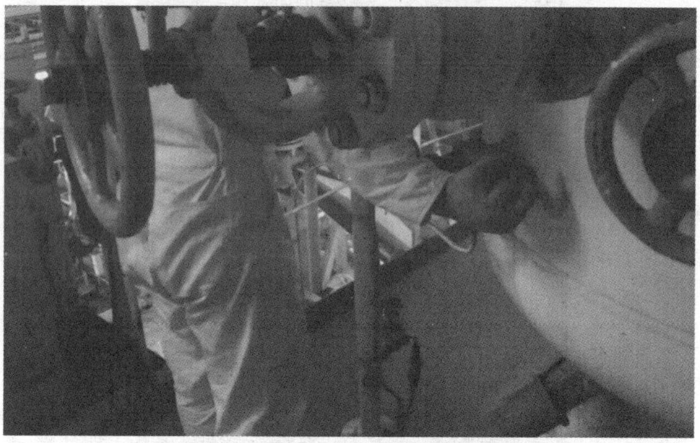

图 1-73　主空气瓶放残

检查干燥器的工作情况，如图 1-74 所示。

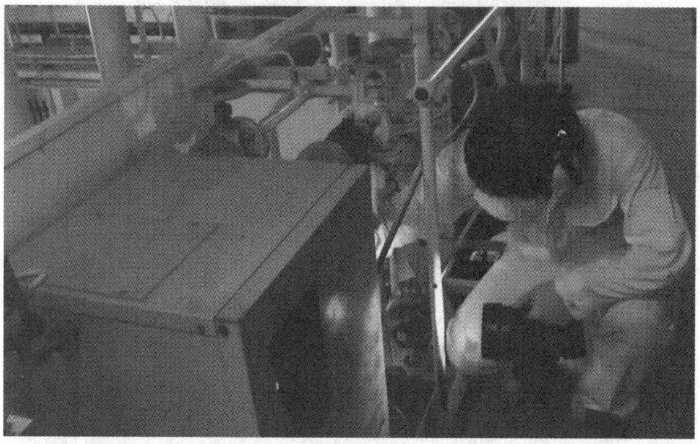

图 1-74　检查空气干燥器

主空气瓶层检查好之后，轮机员下楼梯来到发电柴油机层，对发电柴油机的工作情况进行检查，如图 1-75 所示。

图 1-75　检查发电柴油机

发电柴油机层检查完之后，在发电机层一侧，有两台主空压机，要对两台主空压机工作情况进行检查，如图 1-76 所示。

图 1-76　检查主空压机

主空压机检查好之后，来到分油机层。在分油机层，主要分布了处理燃油、滑油的一些设备，如图 1-77～图 1-79 所示。对发电柴油机的燃油自清滤器及黏度测量单元进行检查。

图 1-77　检查发电机燃油自清滤器

对发电柴油机的燃油驳运泵检查，对发电柴油机燃油循环泵工作情况进行检查，如图 1-80 及图 1-81 所示。

图 1-78　发电机燃油自清滤器

图 1-79　检查发电机燃油黏度计

图 1-80　检查发电柴油机燃油驳运泵

图 1-81 检查发电柴油机燃油循环泵

对主机燃油加热器以及发电柴油机燃油加热器工作情况进行检查,如图 1-82 所示。

图 1-82 检查燃油加热器

对主机的滑油冷却器工作情况进行检查,如图 1-83 及图 1-84 所示。

图 1-83 检查主机滑油冷却器

对主机的滑油自清滤器工作情况进行检查,如图 1-85 所示。

图 1-84　主机滑油冷却器

图 1-85　主机滑油自清滤器

对主机燃油循环泵工作情况进行检查,如图 1-86 及图 1-87 所示。

图 1-86　检查主机燃油循环泵

图 1-87　主机燃油循环泵

检查分油机工作情况，如图 1-88 所示。

图 1-88　检查分油机工作情况

检查主机燃油供应泵的工作情况，如图 1-89 及图 1-90 所示。

图 1-89　检查主机燃油供应泵

图 1-90　主机燃油供应泵

检查滑油分油机高置水柜的工作情况，检查滑油分油机加热器的工作情况，检查重油分油机燃油加热器的工作情况，如图 1-91 所示。

图 1-91　分油机滑油加热器

分油机层检查完之后来到了造水机层，对主机十字头滑油泵工作压力进行检查，如图 1-92 及图 1-93 所示。

图 1-92　检查十字头滑油泵工作压力

图 1-93　十字头滑油泵

检查主机燃油黏度计工作情况，检查主机燃油自清滤器工作情况，如图 1-94 及图 1-95 所示。

图 1-94　检查主机燃油黏度计

图 1-95　检查主机燃油自清滤器

对造水机工作情况进行检查,如图 1-96 所示。

图 1-96　检查造水机

对主机缸套水冷却器工作情况进行检查,如图 1-97 所示。

图 1-97　检查主机缸套水冷却器

对主机缸套水冷却泵工作情况进行检查,如图 1-98 所示。

图 1-98　检查主机缸套水冷却泵

对饮用水柜及日用水柜工作情况进行检查，如图 1-99 所示。

图 1-99　检查饮用水柜及日用水柜

检查热水井及观察柜的工作情况，如图 1-100 所示。

图 1-100　检查热水井及观察柜

检查大气冷凝器的工作情况，如图 1-101 所示。

图 1-101　检查大气冷凝器

检查锅炉给水泵的工作情况，如图 1-102 所示。

图 1-102　检查锅炉给水泵

检查热水井的水质以及水位，如图 1-103 所示。

图 1-103　检查热水井水质及水位

检查生活污水处理装置的工作情况，如图 1-104 所示。

图 1-104　检查生活污水处理装置

检查发电柴油机淡水冷却器的工作情况，如图 1-105 所示。

图 1-105　检查发电柴油机淡水冷却器

造水机层检查完之后来到主机缸头层,对主机缸头层工作情况进行检查。主要检查主机各缸缸套水出机温度以及各缸的排烟温度,注意缸头层是否存在漏气、漏水、漏油等现象,要特别注意不正常的振动和声音,如图 1-106 及图 1-107 所示。

图 1-106　检查气缸盖和排气阀

图 1-107　检查排气温度

缸头层检查完之后,现在来到了透平层(前),对主机缸套水温度控制器设定值及实际值进行检查,如图 1-108 所示。

图 1-108　检查缸套水温度控制器

检查主机气缸油注油器的工作情况,如图 1-109 及图 1-110 所示。

图 1-109　检查主机气缸油注油器

图 1-110　气缸油注油器

检查主机透平压气侧的工作情况,检查压气侧的滑油油位以及滑油温度,如图 1-111 所示。

检查主机透平废气侧冷却水的出机温度、滑油温度以及滑油油位,如图 1-112 所示。

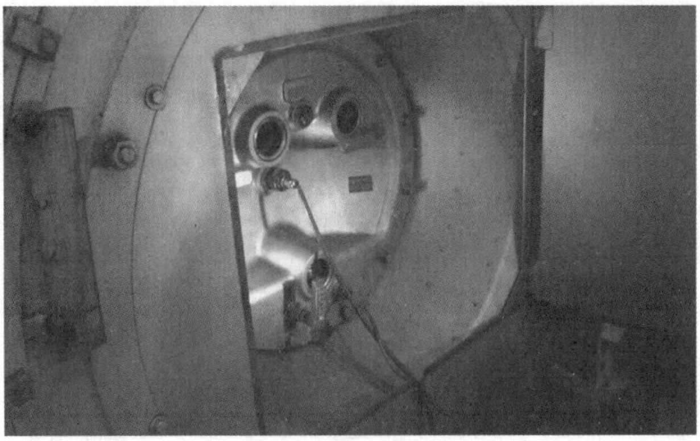

图 1-111　检查主机透平压气侧工作参数

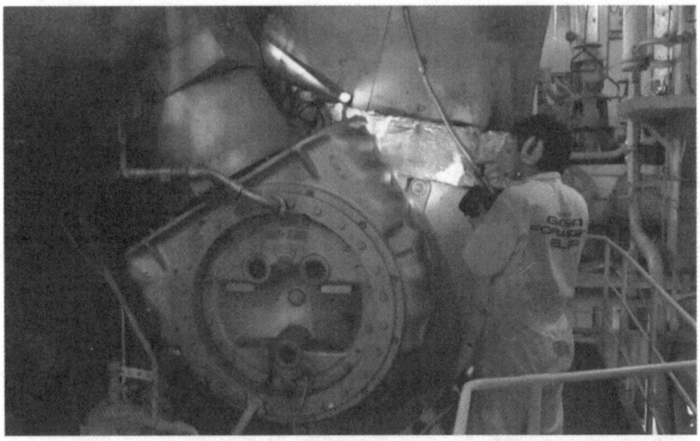

图 1-112　检查透平废气侧工作参数

主机透平层检查完之后，经过楼梯，来到主机空冷器层（后侧），检查主机扫气温度，如图 1-113 及图 1-114 所示。

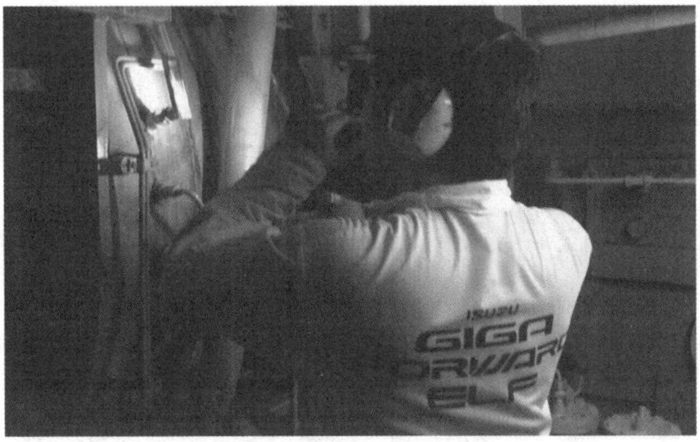

图 1-113　检查现场扫气温度

图 1-114　现场扫气温度计

主机扫气压力检查，扫气压力空气冷凝器检查，主机空冷器检查，如图 1-115～图 1-117 所示。

图 1-115　检查现场扫气压力

图 1-116　检查扫气压力空气冷凝器

图 1-117　扫气空冷器外观

检查主机排气阀空气弹簧压力(现场),如图 1-118 及图 1-119 所示。

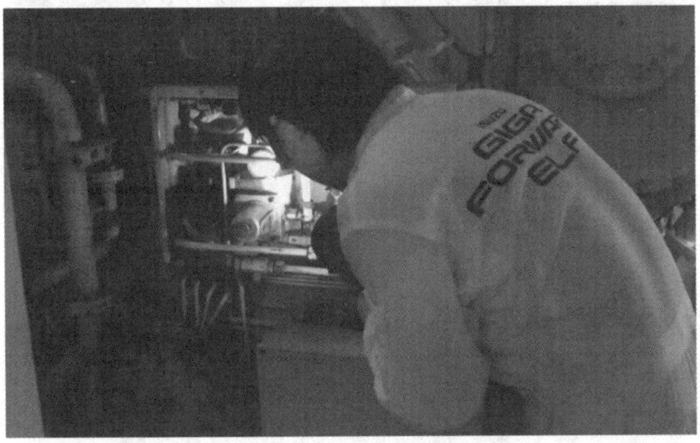

图 1-118　检查空气弹簧压力

图 1-119　排气阀空气弹簧压力表

空冷器后侧检查好之后,来到主机凸轮轴层,对主机凸轮轴侧工作情况进行检查,注意是否存在跑冒滴漏等现象,注意是否存在不正常的振动和声音,如图 1-120 所示。

凸轮轴侧检查完之后,来到主机空冷器侧,检查主机曲轴箱油雾浓度监测报警装置工作情况,如图 1-121 及图 1-122 所示。

图 1-120　检查凸轮轴侧

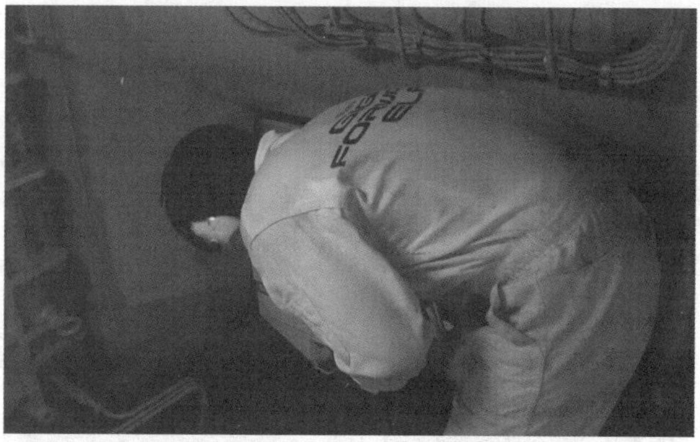

图 1-121　检查油雾浓度监测报警装置

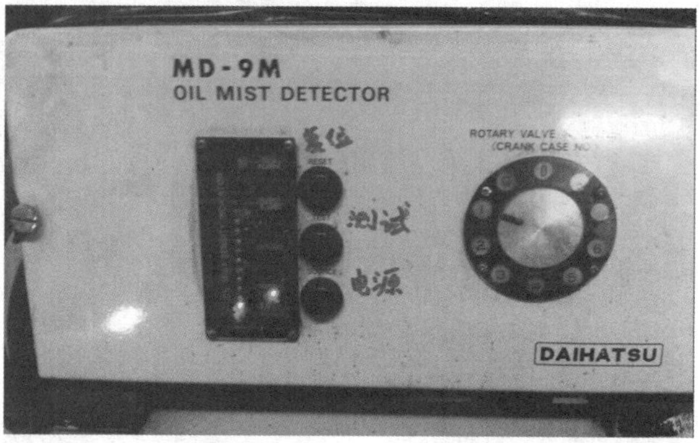

图 1-122　油雾浓度监测报警装置

检查空冷器前后压差，如图 1-123 所示，检查空气进空冷器前的温度。

主机凸轮轴侧及空冷器层检查完之后，轮机员下到了机舱底层，检查油水分离器的工作情况，如图 1-124 所示。

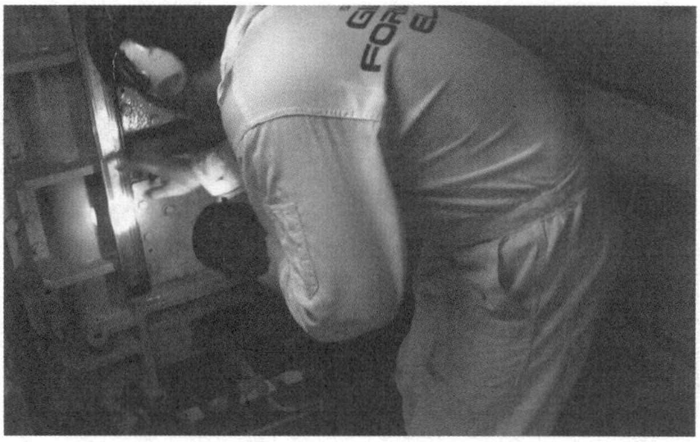

图 1-123　检查空冷器前后压差

图 1-124　检查油水分离器

检查造水机海水泵的工作情况,如图 1-125 所示。

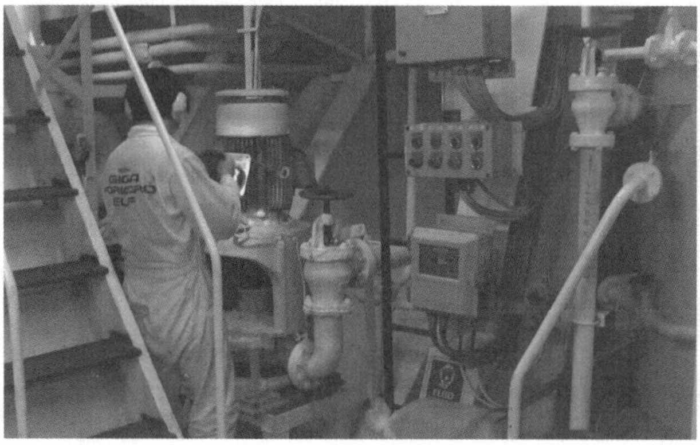

图 1-125　检查造水机海水泵

检查污水泵的情况,如图 1-126 所示。

检查污油泵的情况,如图 1-127 所示。

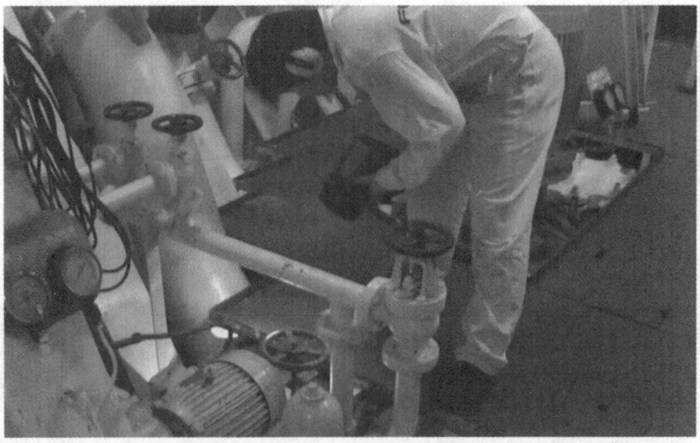

图 1-126　检查污水泵

图 1-127　检查污油泵

对主机填料函进行放残处理,如图 1-128 所示。

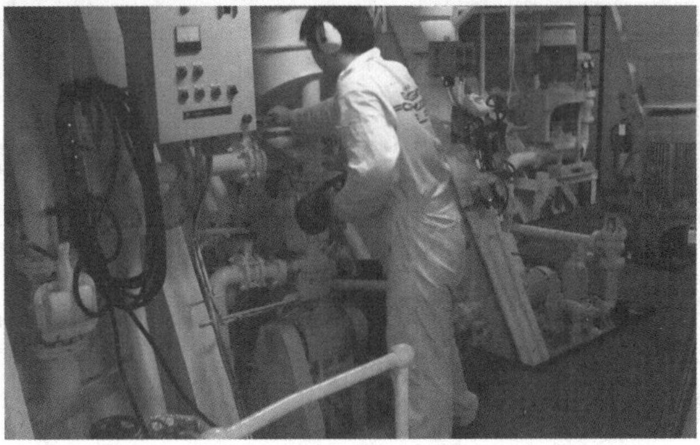

图 1-128　填料函手动放残

检查主机推力块滑油温度,如图 1-129 所示。

检查主机滑油压力,如图 1-130 所示。

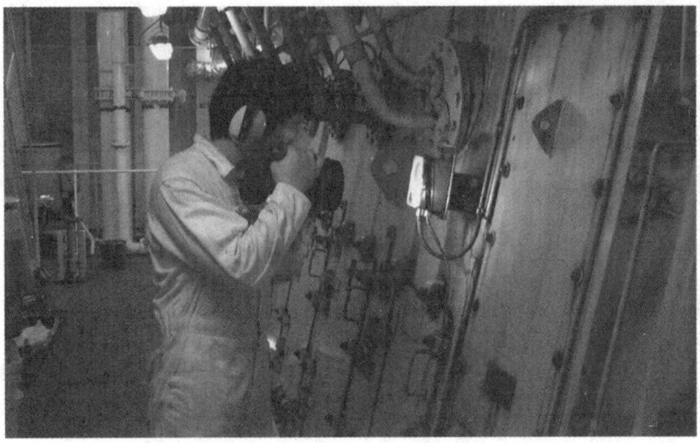

图 1-129　检查主机推力块滑油温度

图 1-130　检查主机滑油压力

检查主机滑油泵的工作情况,如图 1-131 所示。

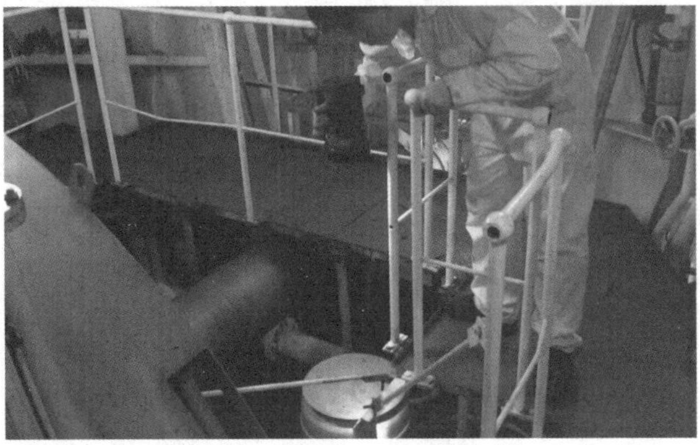

图 1-131　检查主滑油泵

检查中间轴滑油压力以及中间轴滑油温度,如图 1-132 所示。

图 1-132　检查中间轴承滑油压力及温度

检查艉轴前密封小油柜油位，如图 1-133 所示。

图 1-133　检查艉轴前密封小油柜油位

检查艉轴滑油压力，如图 1-134 所示。

图 1-134　检查艉轴滑油压力

检查艉轴后密封小油柜油位，如图 1-135 所示。

检查主机油底壳的油位，如图 1-136 所示。

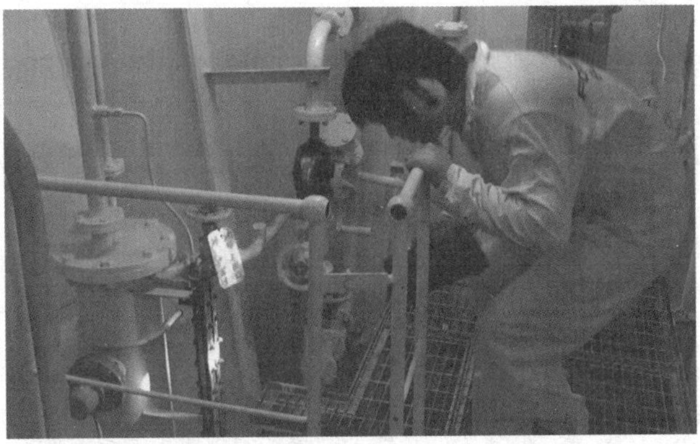

图 1-135　检查艉轴后密封小油柜油位

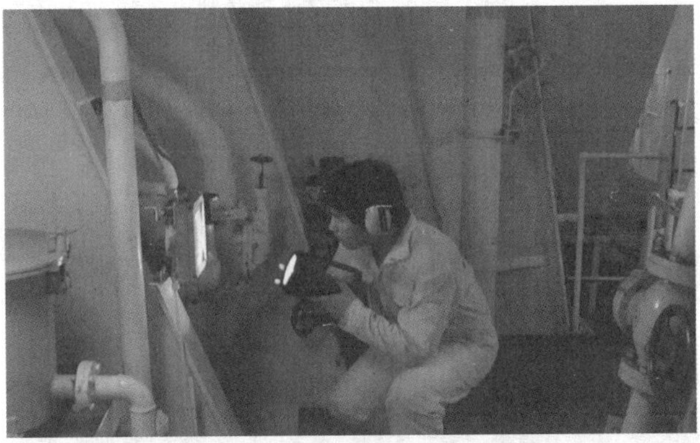

图 1-136　检查主机油底壳油位

检查主机空冷器放残情况，对空冷器进行放残处理，如图 1-137 所示。

图 1-137　空冷器手动放残

对扫气箱进行手动放残，如图 1-138 所示。

图 1-138　扫气箱手动放残

检查发电柴油机海水泵的工作情况，如图 1-139 所示。

图 1-139　检查发电柴油机海水泵

检查主机海水泵的工作情况，如图 1-140 所示。

图 1-140　检查主机海水泵

机舱底层检查完毕之后，轮机员从机舱底层来到了集控室，对集控室发电机面板及操纵台上的运行参数进行检查，如图 1-141 所示。

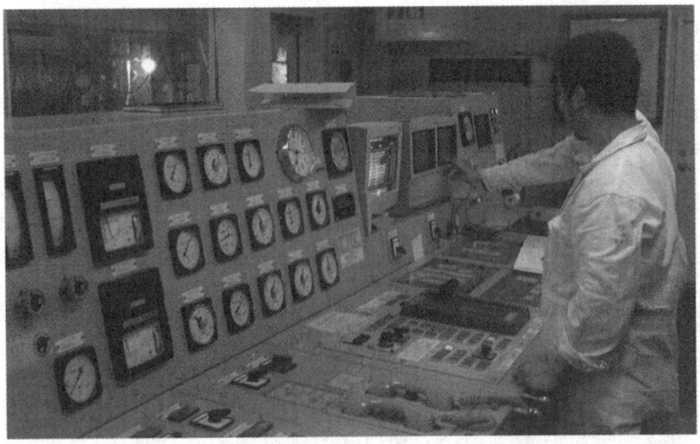

图 1-141　检查集控室各参数

集控室运行参数检查结束之后，轮机员就机舱整体的运行情况与交班人员进行交流，完成交接班工作，如图 1-142 所示。

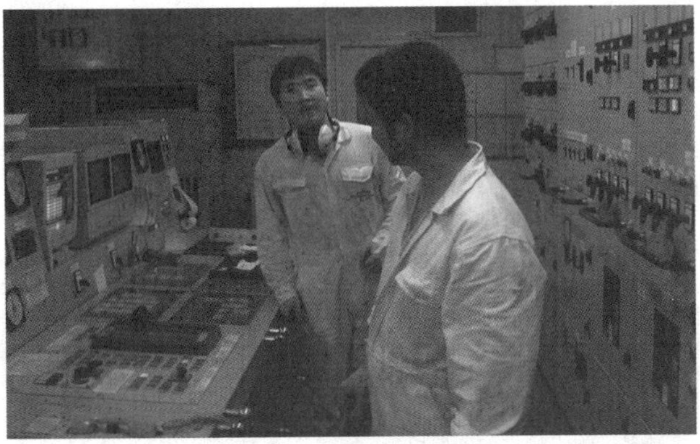

图 1-142　与交班轮机员进行交流

1.4　船舶主柴油机完车操作

1.4.1　评估要素

①停机。
②完车操作。

1.4.2　教学设备与设施

实船机舱或学校自动化模拟机舱，本节编制主要基于某散货船机舱实际操作。

1.4.3　实船操作

船舶靠港或者抛锚结束之后，当确定不再使用主机时，驾驶台会按下辅车钟 F/W（Finish

With Engine)按钮。在集控室,通过应答按钮对驾驶台的完车车钟(F/W)进行应答,那么主机就进入了完车的状态,如图 1-143 所示。

图 1-143　机舱完车车钟应答

在应答之后,机舱工作人员应该做好以下工作:

将鼓风机从自动打到手动并且停止运行。停主机海水泵,如图 1-144 及图 1-145 所示。

图 1-144　手动停止鼓风机运行

图 1-145　停主机海水泵

将两台空压机中的一台的运行状态从自动控制转换为手动控制,如图 1-146 所示。

停主机燃油供应泵,如图 1-147 所示,保持燃油循环泵运行。

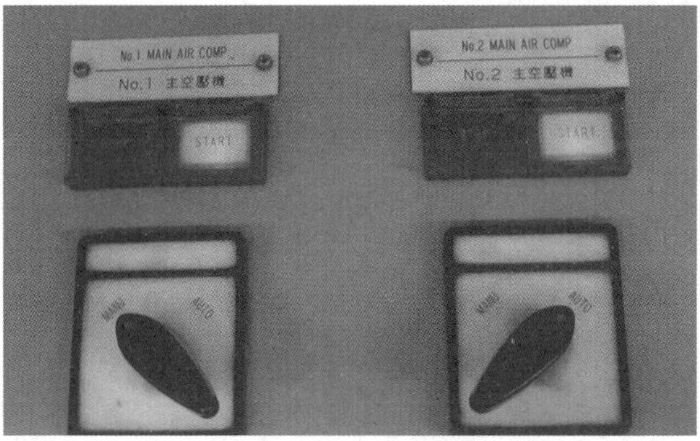

图 1-146　一台主空压机转手动控制

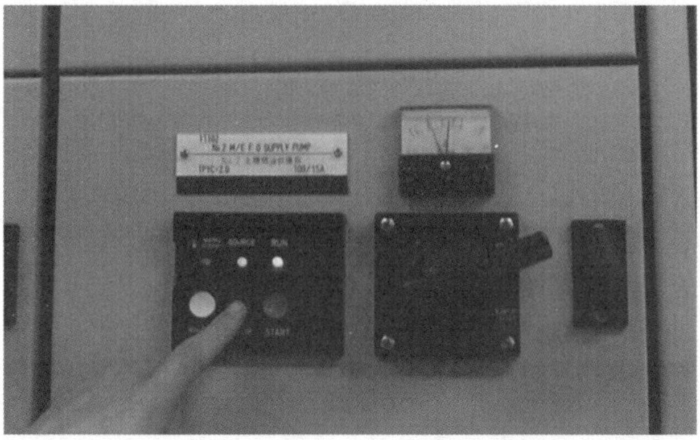

图 1-147　停止主机燃油供应泵运行

两台并联运行的发电机停掉其中的一台，如图 1-148 所示。

图 1-148　一台发电柴油机停止运行

对主机进行冲车，在冲车之前要打开主机各缸的示功阀，如图 1-149 所示。

主机完车后的冲车，我们可以关掉空气瓶主空气阀，利用管路剩余的空气冲车，如图 1-150 所示。

图 1-149　打开主机示功阀

图 1-150　关闭空气瓶主空气阀

观察凸轮轴所处位置,按其相对应的冲车键,如图 1-151 及图 1-152 所示。

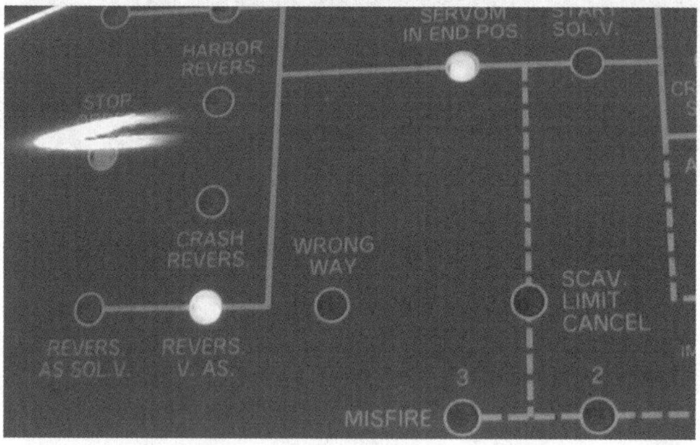

图 1-151　凸轮轴位置显示为倒车位置

图 1-152　按倒车起动按钮

用帆布将主机透平滤网遮住，如图 1-153 所示。

图 1-153　用帆布盖上主机透平

冲车完之后对主机进行盘车，在集控室起动气缸注油器，如图 1-154 所示。

图 1-154　起动气缸注油器

合上盘车机,如图 1-155 及图 1-156 所示。

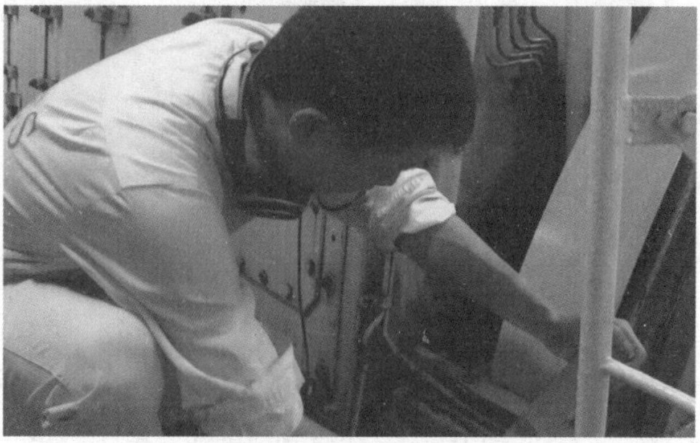

图 1-155 合上盘车机

图 1-156 盘车机外观

起动盘车机,对主机进行盘车,如图 1-157 所示。

图 1-157 起动盘车机

盘车 15 min 之后我们要停掉盘车机,如图 1-158 所示。

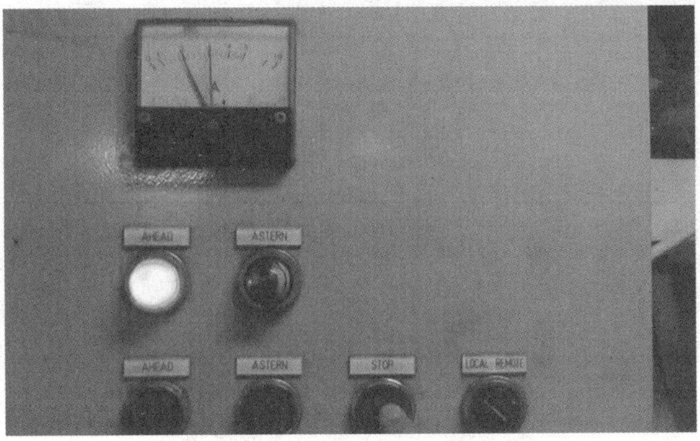

图 1-158 停掉盘车机

打开主机空冷器的放残阀,如图 1-159 所示。

图 1-159 打开主机空冷器放残阀

打开主机扫气箱的放残阀,如图 1-160 所示。

图 1-160 打开主机扫气箱放残阀

完车之后打开填料函手动放残阀,如图 1-161 所示。

图 1-161　打开填料函放残阀

对主机进行暖缸操作：

主机暖缸的方式有两种，一种是采用发电柴油机的缸套冷却水进行暖缸，如图 1-162 所示；另外一种是采用蒸汽暖缸。

图 1-162　缸套水加热器

采用蒸汽暖缸的时候，保持主机缸套冷却水泵一直处于运行的状态，如图 1-163 所示。

图 1-163　主机缸套冷却水泵保持运行

稍开蒸汽加热器的进口阀，回水阀全开，如图 1-164 所示。

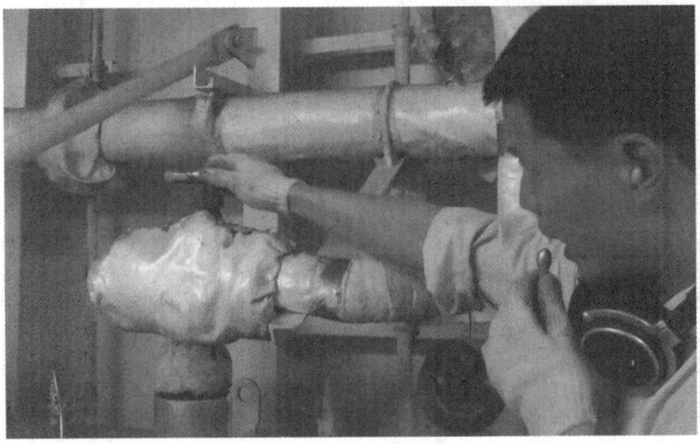

图 1-164　调节缸套水加热器蒸汽阀

通过对蒸汽加热器进口阀开度的调节，让主机缸套水出口温度保持在 75℃左右，如图 1-165 所示。

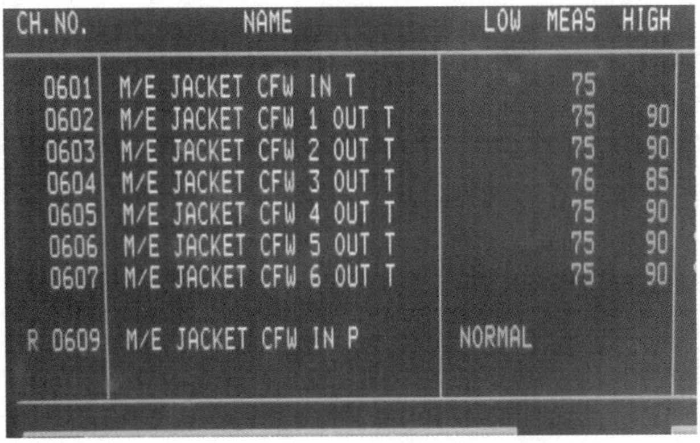

图 1-165　暖缸冷却水温度

完车 1 h 之后，先停十字头滑油泵，再停主滑油泵。

掀开硬塑料盖子，按下运行泵的"STOP"按钮，这个时候，运行泵会停止运行，"START"灯灭。另外一台备用泵的"STANDBY"灯也会灭掉，如图 1-166 及图 1-167 所示。

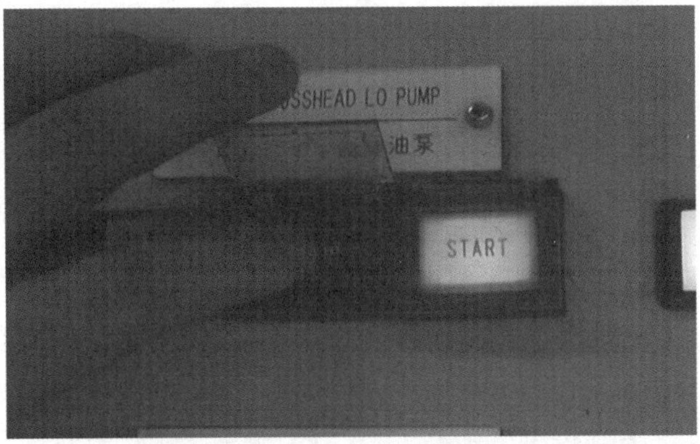

图 1-166　停十字头滑油泵

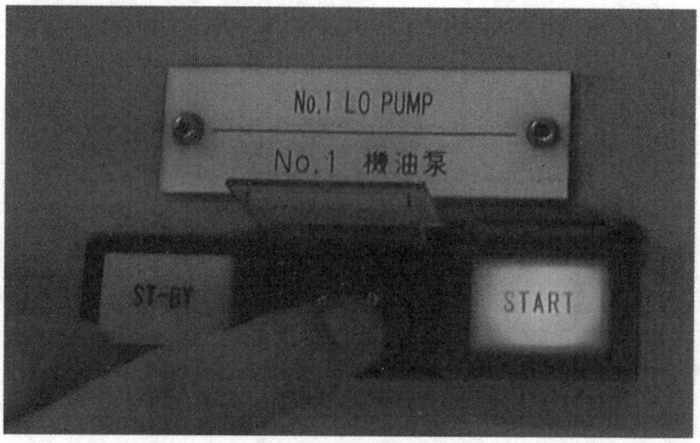

图 1-167　停主滑油泵

2 发电柴油机操作与管理

2.1 发电柴油机的起动和停车

2.1.1 海事局评估要素

①发电柴油机起动前的准备工作。
②发电柴油机的冲、试车。
③发电柴油机的起动。
④按柴油机停车程序完成停车操作。

2.1.2 教学设备与设施

实船机舱或学校自动化模拟机舱，本节编制主要基于某散货船机舱实际操作。

2.1.3 实船操作

本船发电柴油机型号为 DAHATSU 5DK20，如图 2-1 所示。

在开航前的准备工作中，我们需要起动另外一台发电柴油机，并且使其投入并联运行。船上一般有三台发电柴油机，外部共用一个燃油系统和一个冷却系统。所以在起动一台发电柴油机之前，其外部的燃油系统以及冷却系统是处于正常的状态，如图 2-2 及图 2-3 所示。

图 2-1　发电柴油机

图 2-2　发电柴油机燃油泵组

图 2-3　发电柴油机淡水冷却器组

所以我们起动一台待并发电柴油机着重从以下几点做起：

①发电柴油机的滑油系统准备。

检查发电柴油机油底壳的油位，如图 2-4 所示。

确认发电柴油机的电动预润滑油泵已经运行 15 min 以上，如图 2-5 所示。

如果发电柴油机的电动预润滑油泵出现故障，我们也可以通过手摇预润滑油泵，对发电柴油机进行预润滑，如图 2-6 所示。

图 2-4 发电柴油机油底壳量油

图 2-5 发电柴油机预润滑油泵

图 2-6 发电柴油机预润滑手摇泵

对发电柴油机的高压油泵进行预润滑，如图 2-7 所示。

②检查一下调速器的工作油位。

检查调速器输出轴的连接情况，如图 2-8 所示。

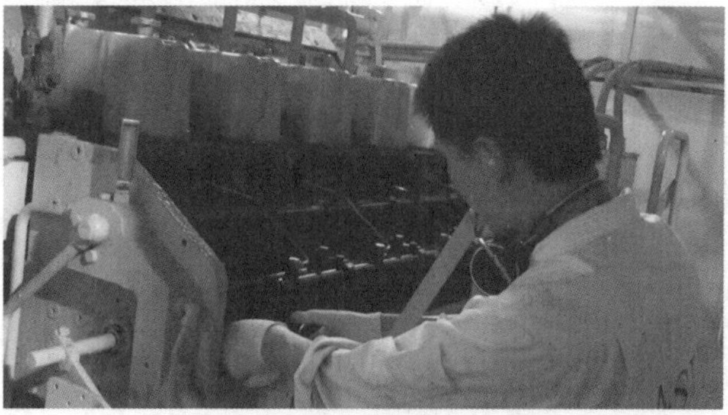

图 2-7　发电柴油机高压油泵润滑

图 2-8　发电柴油机调速器

③检查发电柴油机的周围情况,确保安全。

接下来准备盘车、冲车以及起动。在盘车之前,确认所有示功阀已经打开,如图 2-9 及图 2-10 所示。

图 2-9　确认示功阀打开

图 2-10　示功阀

确认起动操作手柄处于停止位置，如图 2-11 所示。

图 2-11　确认操作手柄处于停止位置

对发电柴油机进行手动盘车，需要盘车数圈，如图 2-12 所示。

图 2-12　手动盘车

盘车之后将盘车杠杆复位，如图 2-13 所示。

打开发电柴油机的起动空气阀，如图 2-14 所示。

检查发电柴油机的起动空气压力，确保它在合理的范围之内，如图 2-15 所示。

图 2-13　盘车杠杆复位

图 2-14　打开起动空气阀

图 2-15　检查起动空气压力

对发电柴油机进行冲车操作，如图 2-16 及图 2-17 所示。

冲完车之后，将各缸的示功阀关闭，准备起动发电柴油机，如图 2-18 所示。

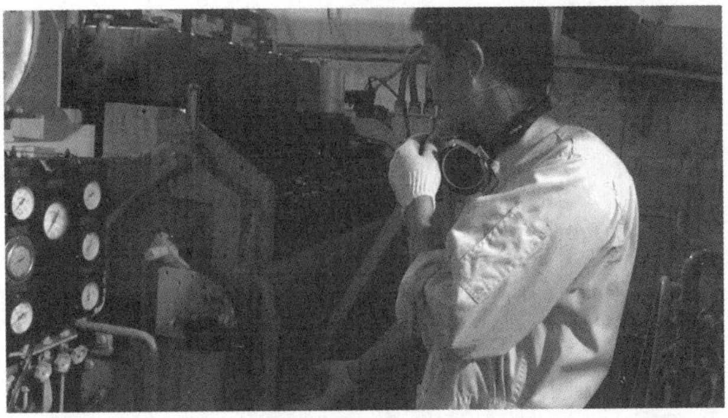

图 2-16　冲车操作

图 2-17　起动按钮

图 2-18　关闭示功阀

将起动手柄放在起动(START)位置,按起动按钮。当听到有持续的爆炸声时将红色按钮松开,慢慢地把操作手柄往上推,最后推到最高位置,如图 2-19~图 2-21 所示。

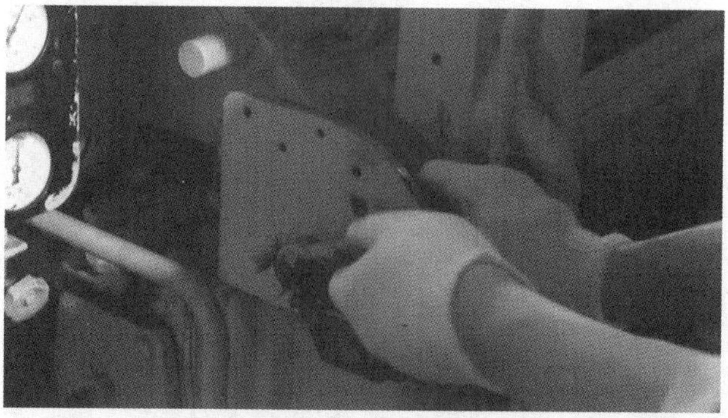

图 2-19　操作手柄置于起动位置

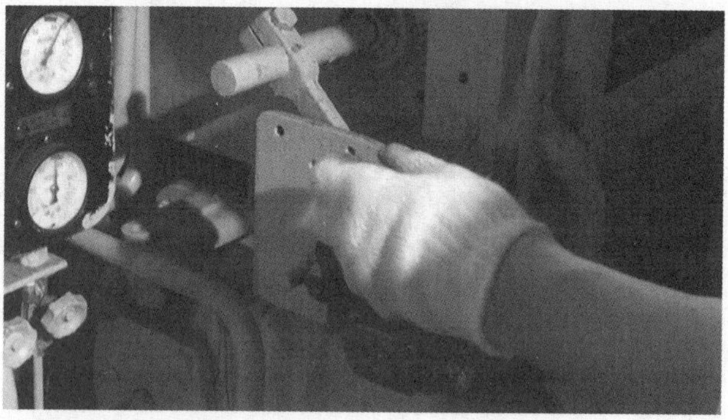

图 2-20　操作手柄置于运行位置

图 2-21　集控室发电机面板起动时参数

发电柴油机起动之后，对发电柴油机的运行情况进行检查，确认它正常运行之后才可以离开，如图 2-22 及图 2-23 所示。

完成发电柴油机起动操作后关闭发电柴油机起动空气阀，如图 2-24 所示。

在船舶定速之后，我们需要停掉并联运行发电柴油机中的一台。

要对两台并电的运行发电机进行解列操作。在解列之前，我们一定要确认另外一台运行的发电柴油机是处于正常的状态。

图 2-22　发电机运行检查(1)

图 2-23　发电机运行检查(2)

图 2-24　关闭起动空气阀

在两台发电柴油机处于自动控制模式的情况下，解列操作比较简单，按发电机相对应的白色按钮就行，对发电柴油机进行解列操作，如图 2-25～图 2-27 所示。

发电机解列之后，不能马上将发电柴油机停止运行，要等到发电柴油机充分冷却之后(需要 15 min 左右)，才可以将发电柴油机停止运行。

图 2-25　发电柴油机自动模式

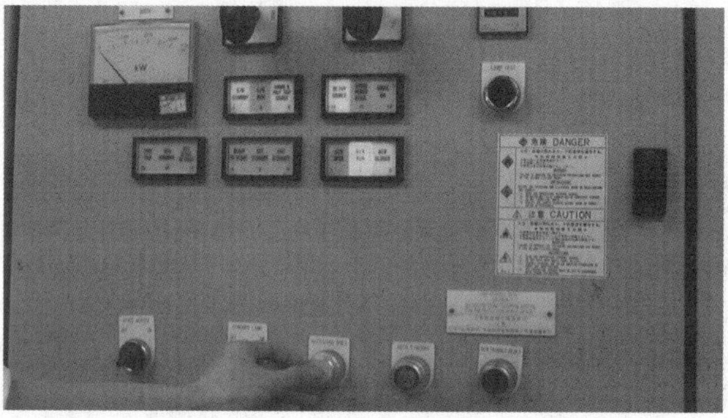

图 2-26　按负载自动转移解列按钮

图 2-27　负载自动转移解列按钮

对发电柴油机的各缸排烟温度进行检查,如果各缸排烟温度已经降至 150 ℃左右,说明发电柴油机已经得到了充分的冷却,如图 2-28 所示。

将操纵杆拉回零位,如图 2-29 所示。

将各缸的示功阀打开,如图 2-30 所示。

图 2-28　发电机排烟温度检查

图 2-29　操作手柄置于停止位置

图 2-30　打开各缸示功阀

确认预润滑油泵运行,如图 2-31 所示。

以上完成了发电柴油机的停车操作。

图 2-31　发电柴油机预润滑油泵自动运行

2.2　发电柴油机的运行管理

2.2.1　海事局评估要素

①巡回检查。

②液位、压力及温度检查。

2.2.2　教学设备与设施

实船机舱或学校自动化模拟机舱，本节编制主要基于某散货船机舱实际操作。

2.2.3　实训评估操作

发电柴油机在运行过程中，值班人员要每班对发电柴油机运行情况检查两次，以确保发电柴油机的正常运行。我们可以先从集控室开始，然后到机械设备旁边进行检查。

在集控室发电机控制板检查发电机的功率、频率以及电压，如图 2-32 所示。

图 2-32　集控室发电机控制板参数

在集控室监控屏上的检查：

燃油进机压力、燃油进机温度、滑油进机压力、滑油进机温度、缸套冷却水进机压力、缸套冷却水出口温度、透平前的废气温度，如图 2-33 及图 2-34 所示。

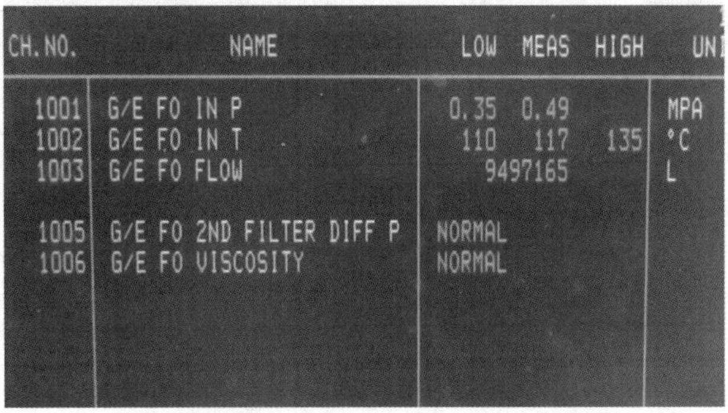

图 2-33　集控室监控电脑发电机燃油参数

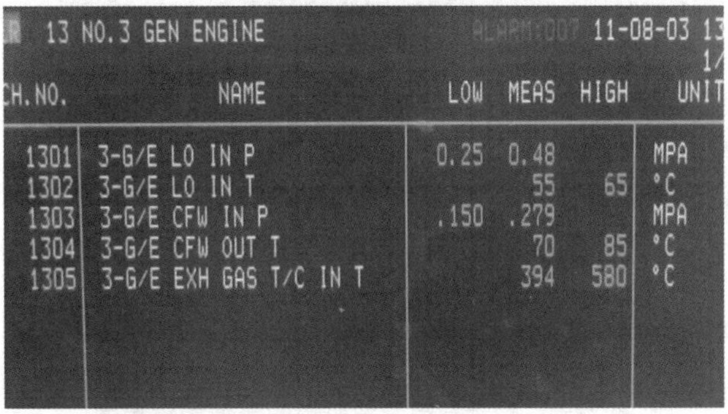

图 2-34　集控室监控电脑发电机滑油参数

集控室检查完毕之后，要到发电柴油机的现场，检查各机械设备运转情况。

在检查的过程中，要特别注意运转的机械设备是否存在异常的声音、异常的振动以及管路设备是否存在跑冒滴漏等现象。

2. 2. 3. 1　发电柴油机的燃油系统检查

检查发电柴油机燃油供油泵及燃油循环泵工作情况，如图 2-35 及图 2-36 所示。

图 2-35　检查发电柴油机燃油泵组

图 2-36　发电柴油机燃油循环泵

检查发电柴油机的燃油黏度计工作情况，如图 2-37 所示。

图 2-37　检查发电柴油机燃油黏度测量单元

检查发电柴油机的燃油自清滤器工作情况，如图 2-38 所示。

图 2-38　检查发电柴油机燃油自清滤器

检查发电柴油机的燃油进机压力，如图 2-39 所示。

检查发电柴油机燃油进机温度，如图 2-40 所示。

图 2-39　发电柴油机燃油进机压力

图 2-40　发电柴油机燃油进机温度

2.2.3.2　发电柴油机的滑油系统检查

检查发电柴油机的油底壳油位,如图 2-41 所示。

图 2-41　检查发电柴油机油底壳油位

检查发电柴油机润滑油的压力,如图 2-42 所示。

检查轴带发电柴油机轴带的滑油泵工作情况,如图 2-43 所示。

检查发电柴油机透平滑油滤器工作情况,如图 2-44 所示。

图 2-42　检查发电柴油机滑油压力

图 2-43　检查发电柴油机轴带滑油泵

图 2-44　检查发电柴油机透平滑油滤器

检查发电柴油机滑油冷却器工作情况,如图 2-45 所示。

检查发电柴油机的滑油自清滤器的运行情况,如图 2-46 所示。

2.2.3.3　**发电柴油机的冷却系统检查**

检查发电柴油机的轴带冷却淡水泵工作情况,如图 2-47 所示。

图 2-45　检查发电柴油机滑油冷却器

图 2-46　检查发电柴油机滑油自清滤器

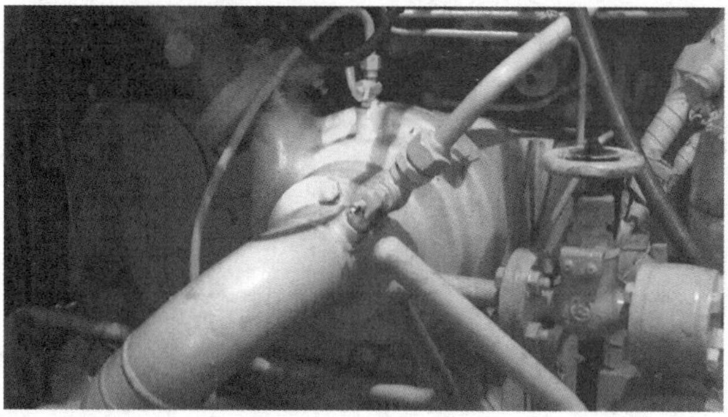

图 2-47　检查发电柴油机轴带冷却淡水泵

检查发电柴油机冷却淡水进机温度,如图 2-48 所示。

检查发电柴油机冷却淡水出机温度,如图 2-49 所示。

检查发电柴油机的气缸套冷却水进机压力,如图 2-50 所示。

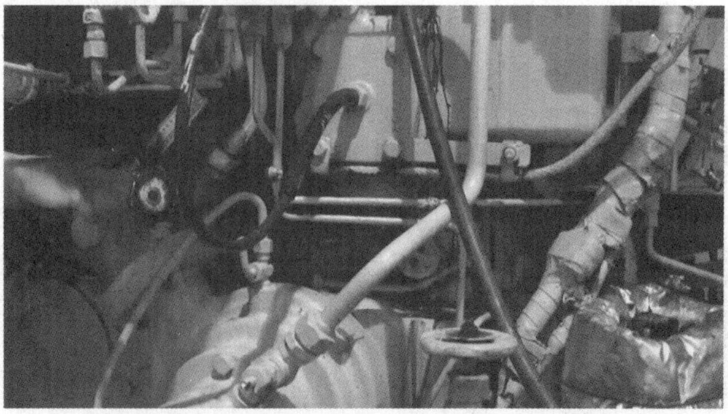

图 2-48　检查发电柴油机冷却淡水进机温度

图 2-49　检查发电柴油机冷却淡水出机温度

图 2-50　检查发电柴油机气缸套冷却水进机压力

检查发电柴油机的淡水冷却器工作情况，如图 2-51 所示。

检查发电柴油机的冷却海水泵工作情况，如图 2-52 所示。

检查发电柴油机膨胀水柜水位、水质，如图 2-53 所示。

图 2-51　检查发电柴油机淡水冷却器

图 2-52　检查发电柴油机海水泵

图 2-53　检查发电柴油机膨胀水柜水位、水质

2.2.3.4　发电柴油机扫气增压系统的检查

检查发电柴油机增压器的工作情况，如图 2-54 所示。

检查发电柴油机的空气冷却器，如图 2-55 所示。

检查发电柴油机扫气温度，如图 2-56 所示。

图 2-54　发电柴油机增压器

图 2-55　检查发电柴油机空气冷却器

图 2-56　检查发电柴油机扫气温度

检查扫气箱放残情况。检查发电柴油机的扫气压力，如图 2-57 所示。

2.2.3.5　**发电柴油机的废气系统进行检查**

检查一下各缸的排气温度，如图 2-58 所示。

检查发电柴油机的排烟情况，如图 2-59 所示。

图 2-57　检查发电柴油机的扫气压力

图 2-58　检查发电柴油机各缸排气温度

图 2-59　检查发电柴油机排烟情况

此外,我们要对发电柴油机的调速系统进行检查,主要检查一下调速器的油位,以及调速器输出轴的工作情况,如图 2-60 所示。

图 2-60　检查发电柴油机调速器油位

3 船舶辅锅炉操作与管理

3.1 辅锅炉点火前的准备工作

3.1.1 海事局评估要素

①检查锅炉本体并使其处于工作状态。
②检查给水、蒸汽、凝水、排污系统,使其处于正常工作状态,给水泵试运转正常。
③检查燃油系统及燃油设备,使其处于正常工作状态,油泵试运转正常。
④检查供风系统,开启风机试运转正常。
⑤检查自动报警系统并使其无缺陷。
⑥检查安全阀强开装置。
⑦检查水位表,关闭冲洗阀,开启通汽和通水阀。
⑧开启压力表旋塞、压力表泄放阀、空气阀,待产生蒸汽后,关闭泄放阀和空气阀。
⑨起动给水泵供水。
⑩关闭供汽阀。

3.1.2 教学设备与设施

实船机舱或学校自动化模拟机舱,本节编制主要基于某散货船机舱实际操作。

3.1.3 实船操作

本船锅炉型号:GK-2228-1400/1100,立式水管锅炉,锅炉燃烧器在锅炉顶部,如图 3-1 所示锅炉本体。锅炉在初次安装、长期停用或者大修之后,要对其进行点火升汽,然后使其转入正常工作状态。

图 3-1 锅炉本体

检查一下锅炉周围的环境，确认通风良好，锅炉周围保持整洁。检查锅炉的本体，确认没有异物留在锅炉内部，所有的检查孔盖已经装复，螺栓已经上紧，如图 3-2 所示。

图 3-2 锅炉周围环境

确认锅炉水位计的冲洗阀关闭，如图 3-3 所示。

图 3-3 水位计冲洗阀

确认锅炉水位计的通汽阀已经开启,确认锅炉水位计的通水阀已经开启,如图 3-4 所示。

图 3-4　水位计通汽阀及通水阀

确认上排污阀已经关闭,如图 3-5 所示。

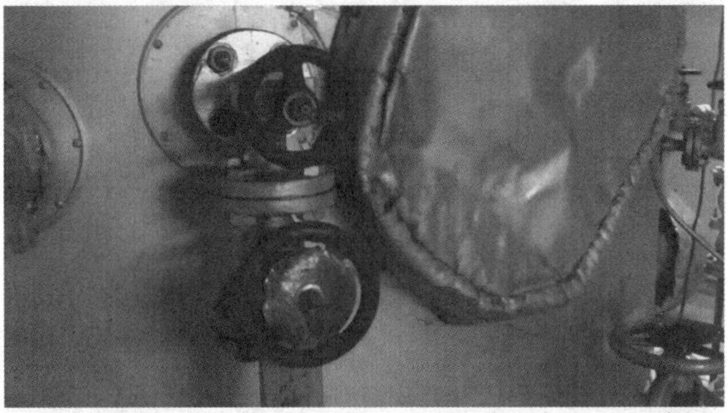

图 3-5　上排污阀

确认下排污阀已经关闭,如图 3-6 所示。

图 3-6　下排污阀

确认锅炉供汽阀关闭,如图 3-7 所示。

确认锅炉炉顶空气阀打开,等到有蒸汽产生后要关闭此阀,如图 3-8 所示。

确认锅炉蒸汽压力小阀已经打开,锅炉起停的压力控制信号就是从这里采集的,如图 3-9 所示。

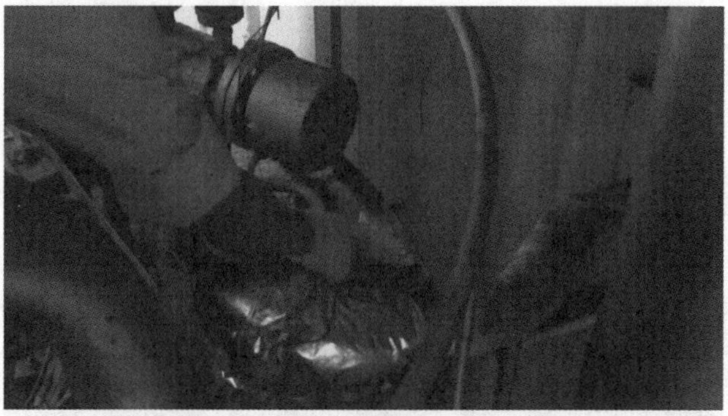

图 3-7　确认供汽阀已经关闭

图 3-8　锅炉顶部空气阀

图 3-9　锅炉蒸汽压力小阀

检查锅炉自动报警控制系统无缺陷，如图 3-10 所示。

检查锅炉设定压力值正常，包括锅炉低压燃烧、高压停止以及锅炉低压报警、高压报警的设定值，如图 3-11 所示。

打开压力表的放残阀，如图 3-12 所示。

图 3-10　锅炉控制系统

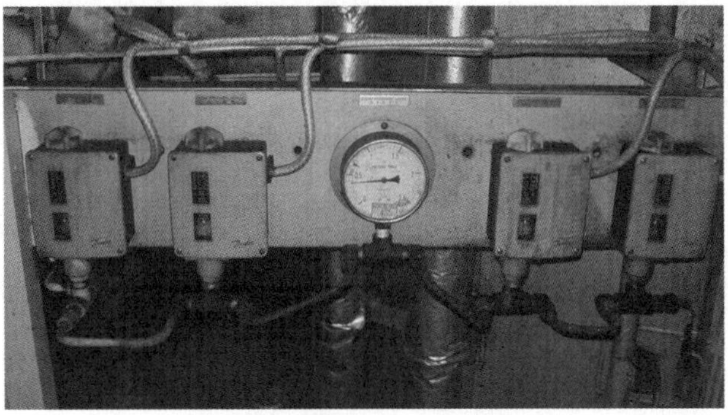

图 3-11　锅炉蒸汽压力设定装置

图 3-12　锅炉蒸汽压力表放残阀

检查热水井水位、水温、水质符合要求,如图 3-13 所示。
确认给水泵的进出口阀开启正确,如图 3-14 所示。
确认两组给水阀开启,如图 3-15 所示。

图 3-13　热水井

图 3-14　打开炉水泵进出口阀

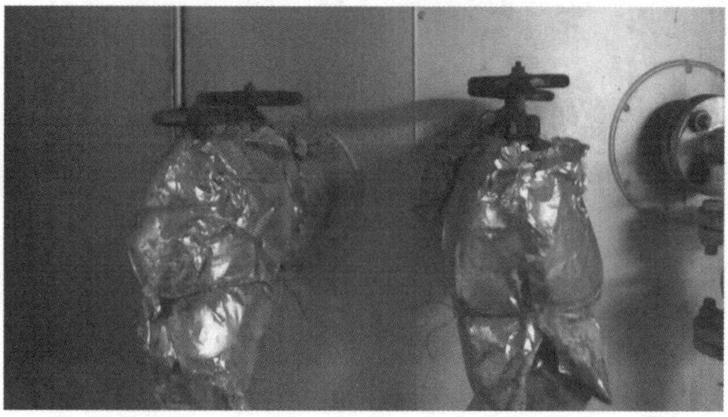

图 3-15　锅炉给水阀

炉水给水泵试运行正常,如图 3-16 所示。

起动锅炉给水泵补水,如图 3-17 所示。

检查锅炉水位计水位,加水加到水位报警消除就可以了,如图 3-18 所示。

图 3-16　给水泵试运行

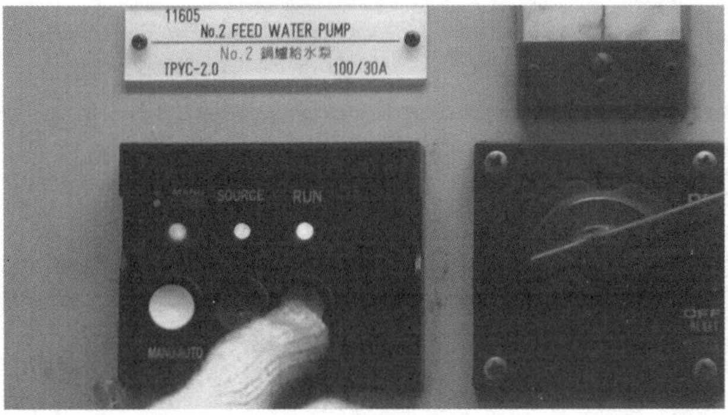

图 3-17　给水泵手动起动

图 3-18　检查水位

检查柴油柜的液位,如图 3-19 所示。

锅炉鼓风机试运转,看锅炉鼓风机是否运转正常,如图 3-20 所示。

锅炉燃油泵试运行正常,如图 3-21 所示。

图 3-19　检查柴油柜液位

图 3-20　鼓风机试运转

图 3-21　锅炉油泵试运行

检查锅炉安全阀强开装置，如图 3-22 及图 3-23 所示。

图 3-22　锅炉安全阀强开装置测试

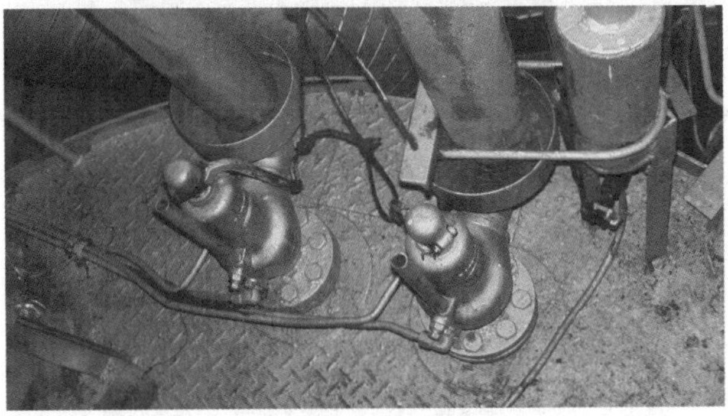

图 3-23　锅炉安全阀

3.2　辅锅炉点火、升汽

3.2.1　海事局评估要素

①点火操作。
②升汽过程操作。

3.2.2　教学设备与设施

实船机舱或学校自动化模拟机舱，本节编制主要基于某散货船机舱实际操作。

3.2.3　实船操作

锅炉点火准备工作一切就绪之后，就可以对锅炉进行点火升汽。锅炉在冷态的情况下，燃烧速度不能太快，应该按照说明书的要求，缓慢地点火升汽，小火燃烧。一般在点火的第一个小时之内，可以每燃烧 1~2 min，熄火 8~10 min 后再进行点火。在第一个小时过后，可以适当增加每次燃烧的时间以及缩短熄火的时间。

点火升汽操作过程：

锅炉控制置于手动方式,燃烧模式选择小火燃烧。手柄转到预扫风位置,本锅炉预扫风 30 s 就可以,如图 3-24 所示。

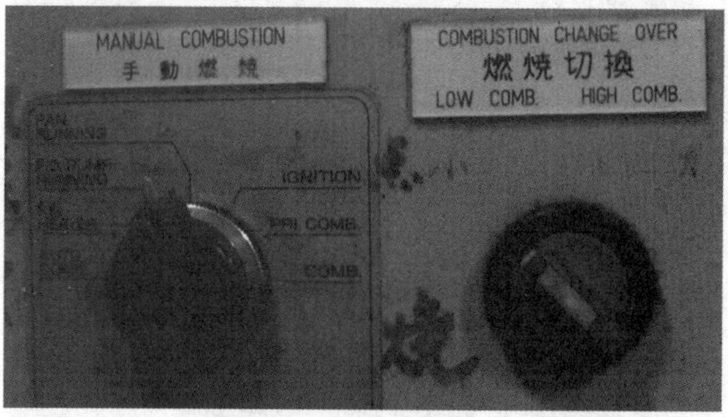

图 3-24 控制旋钮位于风机运行位置

手柄转到点火位置,燃烧指示灯亮之后,手柄转到燃烧位置,进行小火燃烧,如图 3-25 所示。

图 3-25 控制旋钮位于燃烧位置

检查锅炉燃烧器的工作情况以及火焰的颜色,如图 3-26 所示。

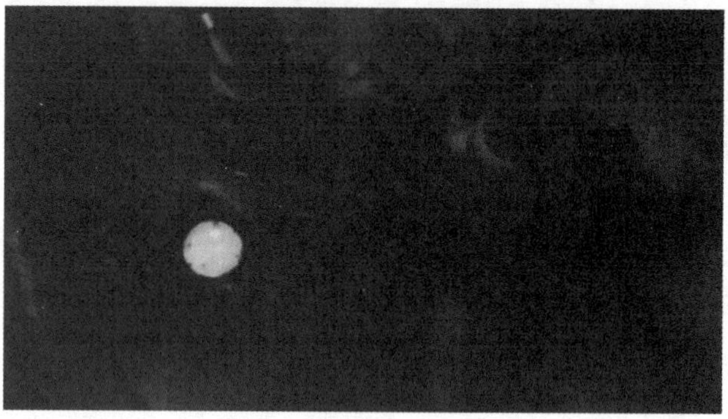

图 3-26 通过火焰观察孔观察火焰的颜色

在甲板观察锅炉的排烟颜色,如图 3-27 所示。

小火燃烧 1~2 min 之后,将控制手柄转到 FAN RUNNING 位置,扫风 30 s 之后置于 AUTO COMB 位置,停止风机及油泵运行。

在第一个小时之内我们都可以这样操作,在第一个小时过后,我们可以适当地增加每次燃烧

图 3-27　检查锅炉烟囱排烟情况

的时间以及缩短熄火的时间。

第一次熄火之后，过 8～10 min 再进行点火，第二次点火燃烧时间可以延长一点。第二次燃烧时间达到之后进行熄火操作。我们通过这样的方式，不断地对锅炉进行点火和熄火操作，当达到一定时间之后，锅炉就开始产生蒸汽。产生蒸汽之后，关闭压力表泄放阀，关闭锅炉顶部的空气阀，如图 3-28 所示。

图 3-28　蒸汽从放残阀逸出

当锅炉压力达到 0.1 MPa 之后，我们就可以进行手动连续的小火燃烧。

在锅炉升汽的过程中，检查水位计工作情况，如图 3-29 所示。

在锅炉压力达到 0.1 MPa 时，要对锅炉进行上排污。确认锅炉的水位处于一个合适的位置，如图 3-30 所示。

确认两台锅炉给水泵处于停用的状态，如图 3-31 所示。

图 3-29　锅炉水位计

图 3-30　集控室锅炉水位显示

图 3-31　锅炉给水泵处于停用状态

打开锅炉排污出海阀,如图 3-32 所示。

打开锅炉上排污阀进行排污,如图 3-33 所示。

排污 1~2 min 后关闭上排污阀。关闭排污出海阀。

将炉水泵转换到处于自动运行状态,如图 3-34 所示。

图 3-32　锅炉排污出海阀

图 3-33　锅炉上排污阀

图 3-34　锅炉水泵处于自动运行状态

冲洗锅炉的水位计操作：

关通汽阀，如图 3-35 所示。

开水位计的冲洗阀，对通水阀进行冲洗。冲洗放残管路应当有水及蒸汽排出，如图 3-36 所示。

关水位计的通水阀，如图 3-37 所示。

开水位计的通汽阀，对通汽阀进行冲洗。检查冲洗管路排出情况。

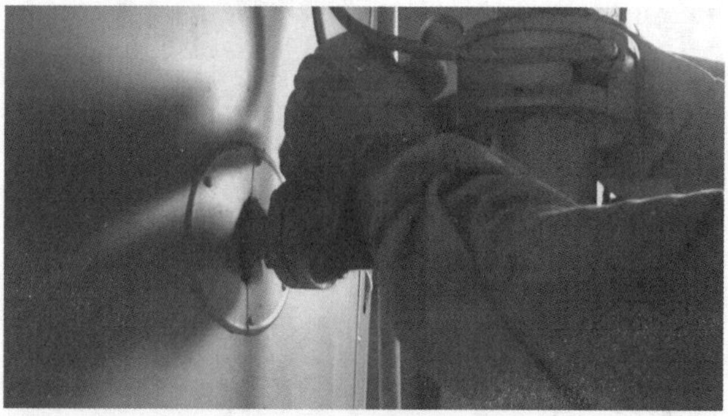

图 3-35　关通汽阀

图 3-36　开冲洗阀

图 3-37　关通水阀

关水位计的通汽阀。关冲洗阀。开水位计的通水阀,如图 3-38 所示。
检查水位是否到达最顶部,如图 3-39 所示。
开水位计的通汽阀,如图 3-40 所示。

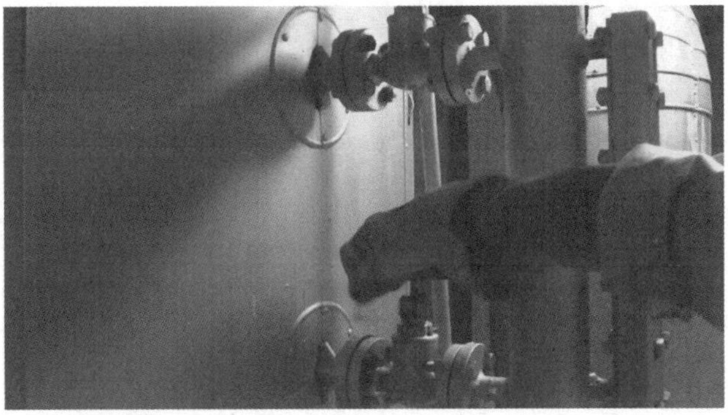

图 3-38 开通水阀

图 3-39 检查锅炉水位计水位

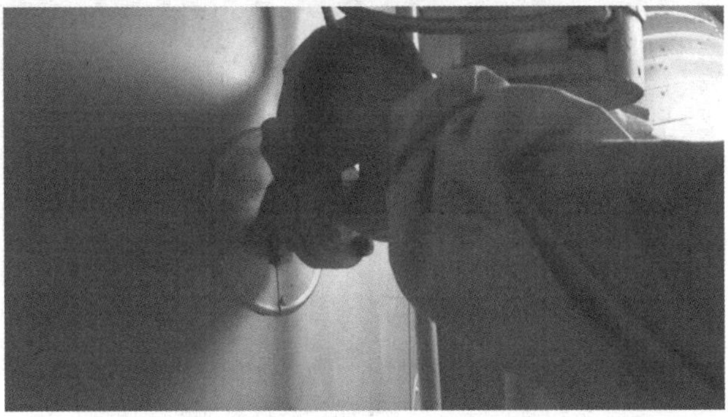

图 3-40 开通汽阀

观察水位是否下降,要求处于正常的位置,如图 3-41 所示。

锅炉压力上来以后,将锅炉转为自动运行,如图 3-42 所示。

当锅炉压力达到要求的时候,进行供汽操作。稍开蒸汽阀,对蒸汽管路进行暖管,暖管之后再逐渐打开蒸汽阀。暖管工作结束之后再把炉顶蒸汽总阀全开,如图 3-43 及图 3-44 所示。

图 3-41　检查锅炉水位计水位

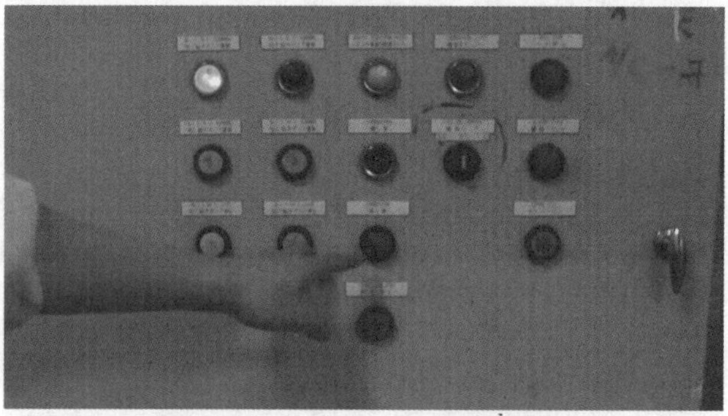

图 3-42　控制按钮转自动运行

图 3-43　打开锅炉蒸汽总阀

图 3-44　锅炉蒸汽总阀

等燃油日用柜重油油温升上来以后,如图 3-45 所示,就可以对锅炉进行换油操作。把锅炉燃料油选择旋钮放到“A/C”或者是“C”位置,加热器开始工作,如图 3-46 所示。

图 3-45 重油日用柜温度

图 3-46 燃油加热器投入使用

等到锅炉油温上升到大于 90 ℃的时候,进行换油操作,如图 3-47 所示。

图 3-47 燃油加热器燃油出口温度

先打开重油阀,然后将轻油阀关掉,换完油之后,锅炉就进入了自动燃烧控制状态,如图 3-48 所示。

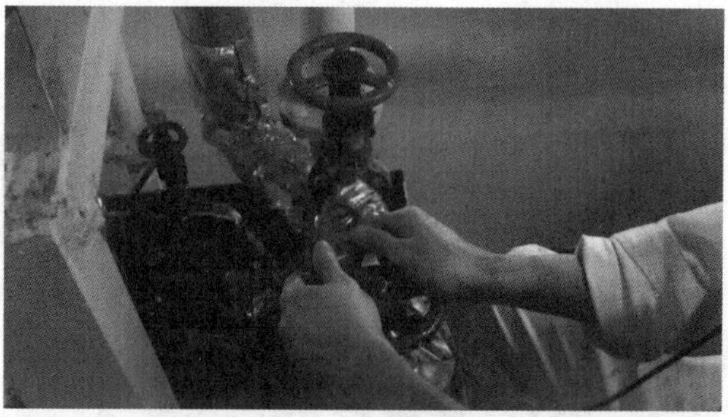

图 3-48　燃油阀转换

3.3　辅锅炉运行管理

3.3.1　海事局评估要素

①经常检查各系统及其附件。
②冲洗水位表和叫水。
③排污。
④判断燃烧情况。
⑤注意观察凝水柜中是否有油。
⑥炉水化验和投药处理。
⑦安全阀的工作状态。

3.3.2　教学设备与设施

实船机舱或学校自动化模拟机舱,本节编制主要基于某散货船机舱实际操作。

3.3.3　实船操作

在辅锅炉运行过程中,要对辅锅炉进行有效的管理,从而保证辅锅炉的安全运行。辅锅炉的运行管理主要从以下几点做起。

3.3.3.1　要对锅炉的燃油系统进行检查

检查锅炉燃油柜(重油日用柜)的油位、油温及进行放残处理,如图 3-49 所示。

检查锅炉燃油泵的工作情况。注意锅炉燃油泵的出口压力。不允许锅炉燃油管路出现漏泄的情况,如图 3-50 所示。

检查锅炉燃油加热器的工作情况,如图 3-51 所示。

图 3-49　重油日用柜

图 3-50　检查锅炉燃油泵

图 3-51　锅炉燃油加热器

检查锅炉燃油加热器加热的燃油温度，如图 3-52 所示。

3.3.3.2　要对锅炉的供风系统进行检查

起动机舱鼓风机，保持机舱有充足的空气，如图 3-53 所示。

图 3-52　锅炉燃油加热温度

图 3-53　使机舱鼓风机持续运行

检查锅炉鼓风机的工作情况,包括鼓风机的工作电流,注意风机的工作声音、振动情况以及风机风门工作位置是否正确,如图 3-54 及图 3-55 所示。

图 3-54　检查锅炉鼓风机运行情况

3.3.3.3　检查锅炉水位计的工作情况

要定期对水位计进行冲洗。

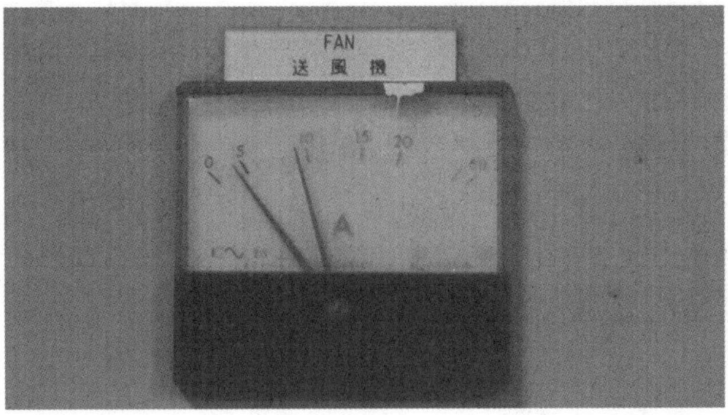

图 3-55　锅炉鼓风机工作电流

3.3.3.4　**检查锅炉的安全保护装置**

检查锅炉安全阀的强开装置是否工作正常。对锅炉安全阀强开装置进行试验,如图 3-56 所示。

图 3-56　锅炉安全阀强开装置测试

检查锅炉汽压的设定值,如图 3-57 所示。

图 3-57　检查锅炉蒸汽压力设定值

3.3.3.5　**对炉水进行化验**

取炉水水样,首先把管路里的水放掉一部分,然后用量具(也就是容器)去接取水样,如图 3-58 所示。

图 3-58　锅炉炉水取样

炉水取回来之以后，要将它盖上盖子。让它自然冷却，等温度下降到室温的时候，再对它进行化验，并且做好记录，如图 3-59 所示为锅炉炉水化验药品。

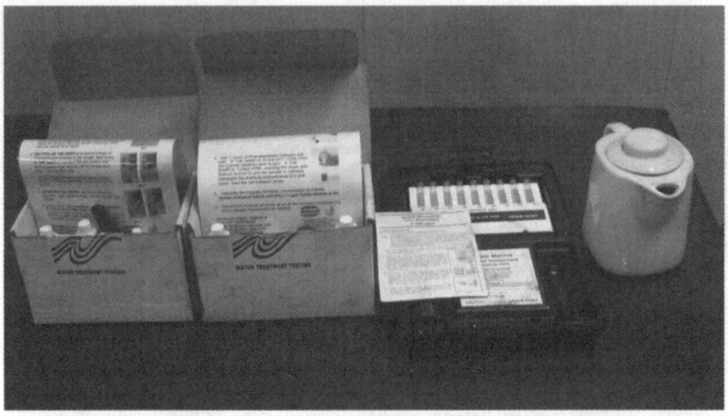

图 3-59　锅炉炉水化验药品

3.3.3.6　**对锅炉的燃烧情况进行判断**

观察锅炉燃烧的火焰，如图 3-60 所示。

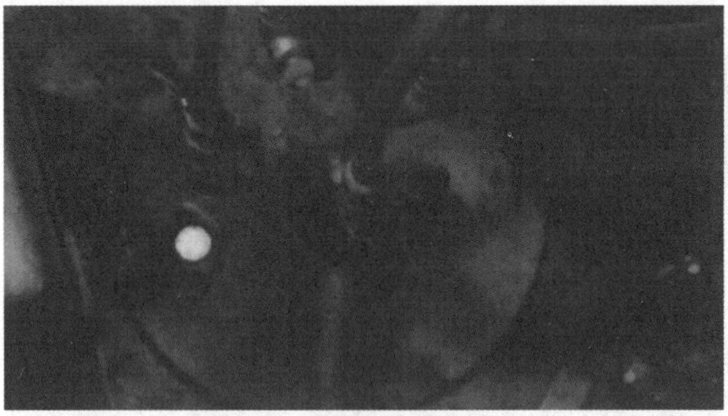

图 3-60　通过观察孔观察火焰

观察锅炉烟囱的排烟情况，如图 3-61 所示。

图 3-61　观察锅炉烟囱排烟情况

3.3.3.7　锅炉的排污工作

锅炉排污要根据化验的结果进行，如果炉水化验盐分很高，这个时候我们要加强对锅炉上排污；如果炉水化验显示导电率很高，则需要加强下排污。排污的时候，要选择天气好、锅炉压力低的时候。排污前要确认炉水的水位在合理的范围内，将炉水泵置于停用的状态，如图 3-62 所示。

图 3-62　手动停止炉水泵

一般上排污一天进行一次，下排污一周进行一次。

开锅炉排污出海阀，如图 3-63 所示。

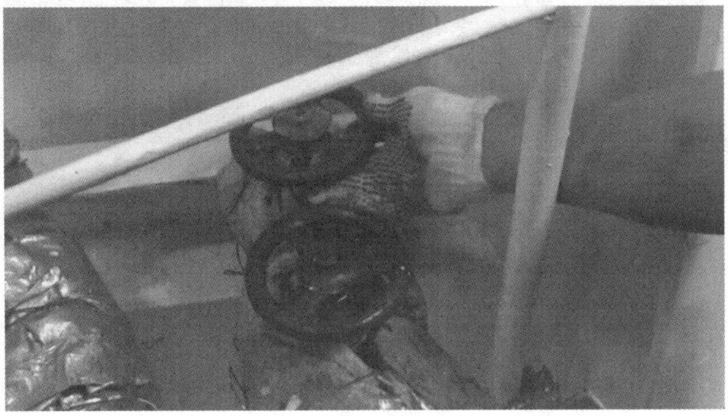

图 3-63　锅炉排污出海阀

对锅炉进行上排污，1 ~ 2 min 后关闭，如图 3-64 所示。

对锅炉进行下排污，排污时间，15 ~ 20 s 关闭，如图 3-65 所示。

图 3-64　锅炉上排污阀

图 3-65　锅炉下排污阀

关闭锅炉排污出海阀,如图 3-66 所示。

图 3-66　关闭锅炉排污出海阀

排污结束之后将炉水泵转为自动状态,如图 3-67 所示。

3.3.3.8　检查热水井的回水情况

检查热水井,观察孔里面水位的表面是否存在油液,如果表面出现油液,要尽快查找原因,如图 3-68 所示。

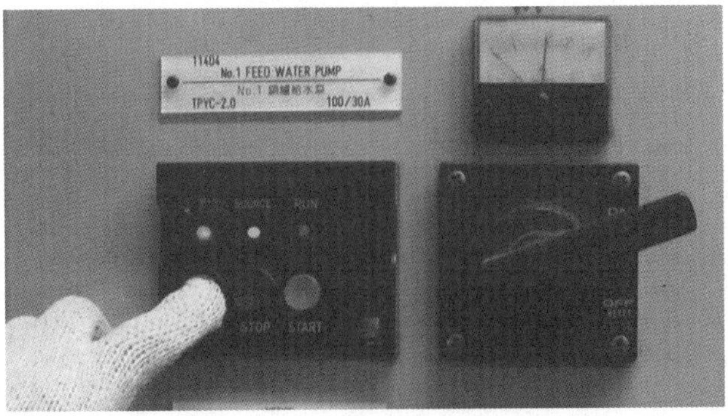

图 3-67 炉水泵置于自动运行状态

图 3-68 检查热水井回水情况

3.3.3.9 对锅炉炉水进行投药处理

投药的方式有两种：一种可以通过投药桶来进行，一种直接将药水倒进热水井，如图 3-69 所示。

图 3-69 炉水投药处理

投药的量要根据炉水化验的结果来选择，在这里直接将药水倒入热水井，如图 3-70 所示。

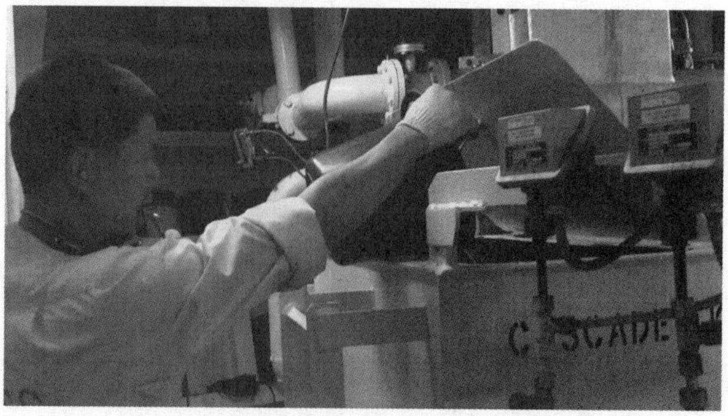

图 3-70 热水井投药

3.4 辅锅炉的停用操作

3.4.1 海事局评估要素

①供汽阀操作。
②排污。
③冷却。
④锅炉汽包上的空气阀操作。

3.4.2 教学设备与设施

实船机舱或学校自动化模拟机舱,本节编制主要基于某散货船机舱实际操作。

3.4.3 实船操作

锅炉停用的两种情况:一是蒸汽的停用,比如说要对机舱蒸汽系统进行检修,就要停掉蒸汽,但是锅炉内部要保持一定的蒸汽压力;二是要对锅炉内部进行检查维修保养,这个时候要将锅炉的蒸汽压力泄放掉(自然冷却),必要的时候要将锅炉的炉水放空。

锅炉蒸汽停用的操作,在锅炉蒸汽停用之前,要对锅炉的燃油进行换油操作,也就是从重油换成轻油,可以在锅炉自动燃烧的情况下,将锅炉使用的重油转换为轻油。将锅炉燃料油控制方式选择在“A”,“A”就是轻油,“C”是重油,“A/C”是轻油和重油的混合油。放在“A”位置的时候,加热器是不工作的;放在“A/C”或“C”位置,加热器是工作的,如图 3-71 所示。

观察锅炉的油温是否正在下降,等到油温下降到 90℃的时候,就可以进行换油操作了,如图 3-72 所示。

先打开轻油阀,再把重油阀关掉,如图 3-73 所示。

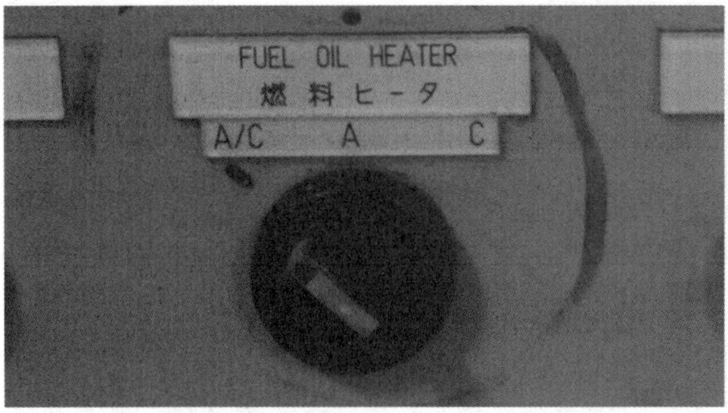

图 3-71　燃油加热器工作模式

图 3-72　燃油加热器燃油出口温度

图 3-73　燃油阀转换

锅炉停火前要加高工作水位，以免水冷却收缩后看不到水位，通过手动起动炉水泵对锅炉进行补水，如图 3-74 所示。

等到锅炉水位补到一定程度的时候，将炉水泵停掉（置于手动控制停止状态）。

锅炉换完油使用轻油燃烧大约 10 min 之后，锅炉的燃油系管路里面已经置换成了轻油，这个时候可以将锅炉运行方式选择在手动位置，停止锅炉燃烧，如图 3-75 及图 3-76 所示。

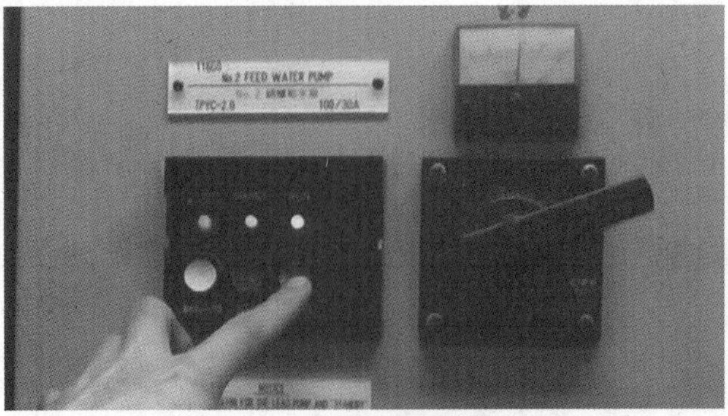

图 3-74　手动起动给水泵

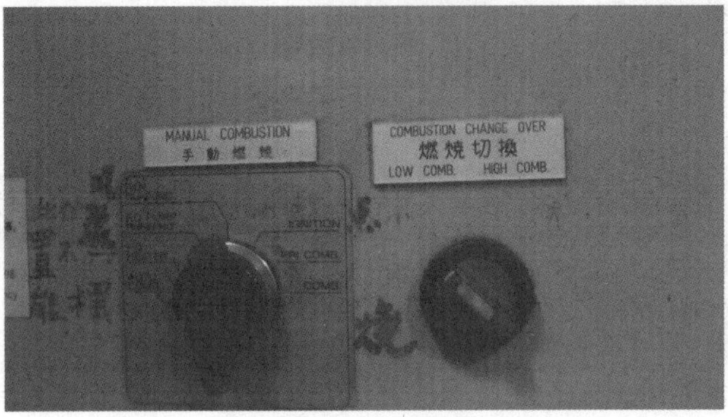

图 3-75　控制旋钮

图 3-76　燃烧停止按钮

到锅炉顶部关蒸汽总阀，如图 3-77 所示。

在锅炉停用蒸汽期间，如果控制方式是自动控制方式，这时候要将锅炉自动燃烧的起停压力值设低一点或者是手动燃烧，让锅炉保持一定的蒸汽压力以防止空气渗入锅炉。

随着锅炉压力的下降，锅炉水中的悬浮物、杂质和泥渣沉淀之后要对锅炉进行下排污。

图 3-77　关蒸汽总阀

除了做好以上几点之外，还要做到以下几点：

将炉水泵断电禁止补水，将锅炉的给水阀关掉，如图 3-78 所示。

图 3-78　锅炉给水泵断电

保持炉膛严密，让锅炉自然冷却，千万不要为了加快冷却而过快地泄放汽压，提前放空炉水或者是强开鼓风机向炉膛内送冷风，如图 3-79 所示。

图 3-79　锅炉蒸汽压力为零

等到锅炉没有汽压的时候，打开锅炉顶部的空气阀，如图 3-80 所示。

锅炉没有汽压的时候，我们开启底部排污阀进行放空操作，等到锅炉水位放空之后，就可以着手对锅炉内部进行维修保养工作了，如图 3-81 所示。

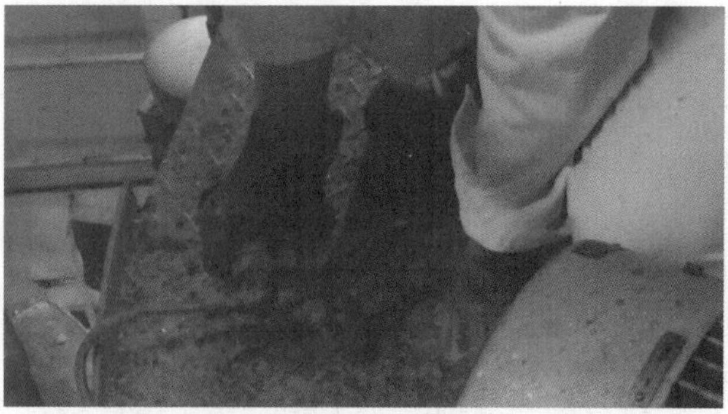

图 3-80　打开炉顶放气阀

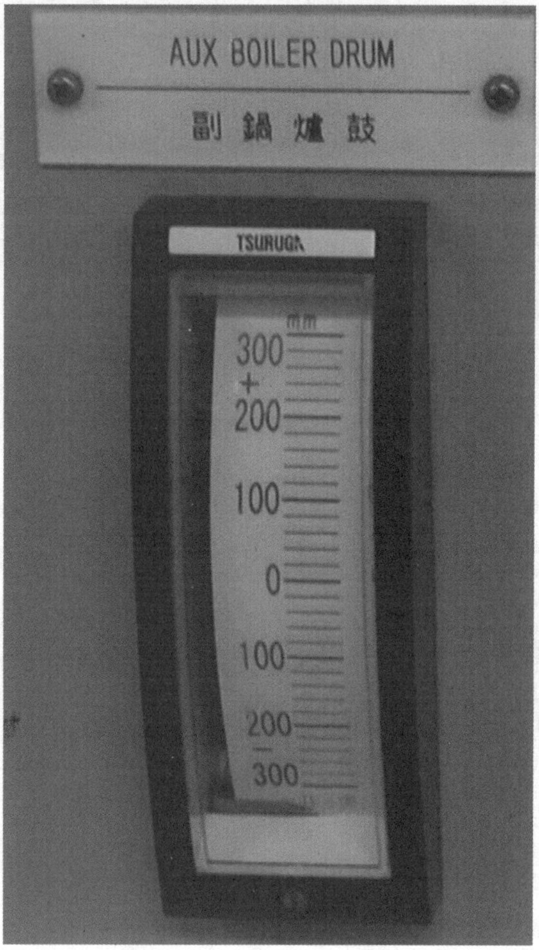

图 3-81　锅炉水位(集控室)

4 泵系操作与管理

4.1 压载水系统的操作与管理

4.1.1 海事局评估要素

①压载水系统起动。
②压载水系统运行管理。
③压载水系统停用。

4.1.2 教学设备与设施

实船机舱或学校自动化模拟机舱,本节编制主要基于某散货船机舱实际操作。

4.1.3 实船操作

4.1.3.1 压载平衡水控制站认识

船舶压载平衡水控制站的主要作用是控制各个压载舱液压阀门的开启和关闭,以及对各个舱室的液深进行测量,如图 4-1 所示。

在控制站左边这一块主要用来开启各个舱室的液压阀以及关闭各个舱室的液压阀,如图 4-2 所示。

图 4-1　压载水平衡控制站

图 4-2　液压泵及液压阀控制面板

在控制站右边这一块主要用来测取各个舱室的液深，如图 4-3 所示。

4.1.3.2　机舱泵浦管路的认识

压载泵，如图 4-4 所示。

压载泵的吸入滤器，如图 4-5 所示。

图 4-3　液舱测量面板

图 4-4　压载泵

图 4-5　吸入滤器

如图 4-6 所示,主压载泵的吸入阀,吸入的海水是来自压载舱的,进行压载水驳出操作的时候要将此阀打开。

图 4-6　吸入阀(来自压载总管)

如图 4-7 所示,这也是主压载泵的吸入阀,吸入的海水是来自海底门,进行压载水注入操作的时候要将此阀打开。

图 4-7　吸入阀(来自海底门)

这个阀是压载泵其中的一个出口阀,是通往压载总管的,如图 4-8 所示。

这也是压载泵其中的一个出口阀,是通往出海阀的。这个阀在注入压载水操作的时候可以用来调压,在进行压载水驳出操作时要将此阀打开,如图 4-9 所示。

图 4-8　出口阀(通往压载总管)

图 4-9　出口阀(通往出海阀)

这个阀是压载泵的出海阀,也是压载水真空喷射泵的出海阀,在对压载水进行驳出操作的时候要将此阀打开,如图 4-10 所示。

4.1.3.3　压载水的注入操作

根据大副的指令,我们要对 4 舱右进行压载水自压操作。

在压载平衡水控制站,起动液压泵,液压油压力建立之后,通过触摸屏,打开 4 舱右的液压阀,如图 4-11 所示。阀颜色从黄色变为绿色之后说明阀已经开启了。

图 4-10　出海阀

图 4-11　打开 4 舱右液压阀

打开压载泵通海底门的吸入阀,如图 4-12 所示。

打开压载泵来自压载总管的吸入阀,如图 4-13 所示。

压载泵的两个吸入阀打开之后,以及在压载平衡水控制站打开 4 舱右的液压阀,海水就通过重力的作用流到 4 舱右压载舱。

图 4-12　打开吸入阀(来自海底门)

图 4-13　打开吸入阀(来自压载总管)

根据大副的指令,在 4 舱右完成自压操作之后, 要进行压载水的泵压操作,在起动压载泵之前我们要对压载泵进行盘车,如图 4-14 所示。

关压载泵来自压载总管的吸入阀,如图 4-15 所示。

开压载泵通往压载总管的出口阀,如图 4-16 所示。

图 4-14　压载泵盘车

图 4-15　关闭吸入阀(来自压载总管)

图 4-16　打开出口阀(通往压载总管)

打开压载泵通往出海阀的出口阀准备进行调压,如图 4-17 所示。

检查压载泵的出海阀是否处于一个全开的状态,如图 4-18 所示。

图 4-17　打开出口阀(通往出海阀)

图 4-18　打开出海阀

起动压载泵,如图 4-19 所示。

图 4-19　起动压载泵

检查压载泵的吸入排出压力，如图 4-20 所示。

图 4-20　检查压载泵吸入、排出压力

检查压载泵的漏泄情况，如图 4-21 所示。

图 4-21　检查压载泵漏泄情况

观察压载泵的工作电流，如图 4-22 所示。

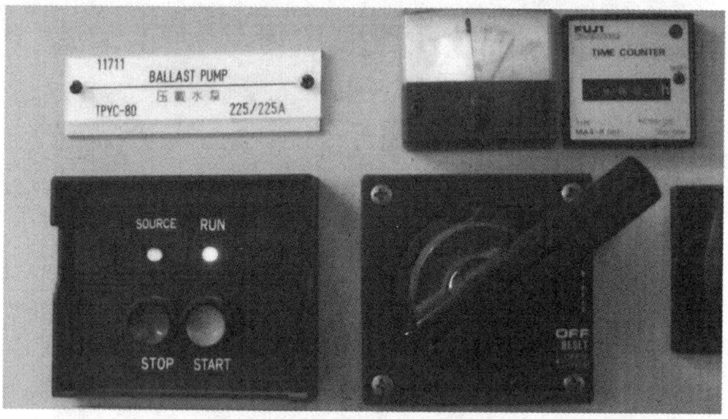

图 4-22　检查压载泵工作电流

根据大副的指令，4 舱右已经完成了泵水操作，现在可以停泵。

停压载泵。关压载泵来自海底门的吸入阀。关压载泵通往压载舱总管的出口阀。关压载泵通往出海阀的出口阀。关 4 舱右的液压阀。

我们根据大副的指令，要将 4 舱右的压载水驳空，打开压载泵来自压载舱的吸入阀，如图 4-23 所示。

图 4-23 打开吸入阀(来自压载总管)

为了防止压载泵吸空,可以将压载泵来自海底门的吸口稍开一点,如图 4-24 所示。

图 4-24 打开吸入阀(来自海底门)

打开压载泵的出口阀,这个出口阀是通往出海阀的,如图 4-25 所示。

图 4-25 打开出口阀(通往出海阀)

打开 4 舱右的液压阀。

起动压载泵,检查压载泵的排出压力,检查压载泵的漏泄情况,检查压载泵的工作电流。

当压载舱压载水不多时,压载泵的电流会出现来回波动的情况,这时可以通过压载舱污水喷射泵将剩余的压载水打出去,如图 4-26 所示。

压载水真空喷射泵的工作水也是来自压载泵。开大压载泵自海底门的吸入阀。关压载泵自压载舱总管的吸入阀。开压载泵去压载舱污水喷射泵的出口阀,如图 4-27 所示。

图 4-26　压载舱污水喷射泵

图 4-27　压载泵出口阀(去喷射器)

打开压载水真空喷射泵工作水进口阀,如图 4-28 所示。

关压载泵出口阀，这个出口阀与出海阀是相通的。观察压载水真空喷射泵的真空度,如图 4-29 所示。

图 4-28　喷射泵工作水进口阀

图 4-29　喷射泵吸口真空表

打开真空泵的抽吸阀，如图 4-30 所示。

这个阀打开之后，压载水就经过喷射泵被抽出去了，直到将压载舱的水抽空为止，如图 4-31 所示。

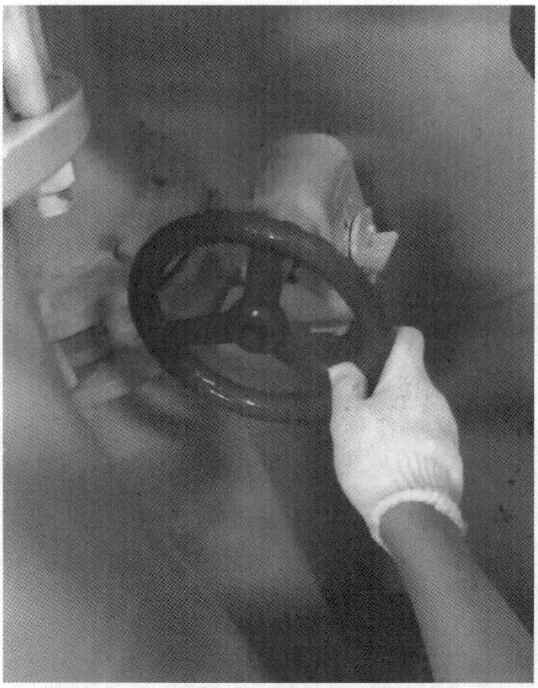

图 4-30　真空泵抽吸阀

图 4-31　喷射泵吸口真空表显示值

4.2 舱底水系统的操作与管理

4.2.1 海事局评估素要

①舱底水系统起动。
②舱底水系统运行管理。
③舱底水系统停用。

4.2.2 教学设备与设施

实船机舱或学校自动化模拟机舱,本章节编制主要基于某散货船机舱实际操作。

4.2.3 实船操作

以散货船为例,散货船的舱底水可以分成机舱的舱底积水以及货舱的舱底积水。机舱的舱底积水主要来自机械设备的泄放水,如图 4-32 所示。

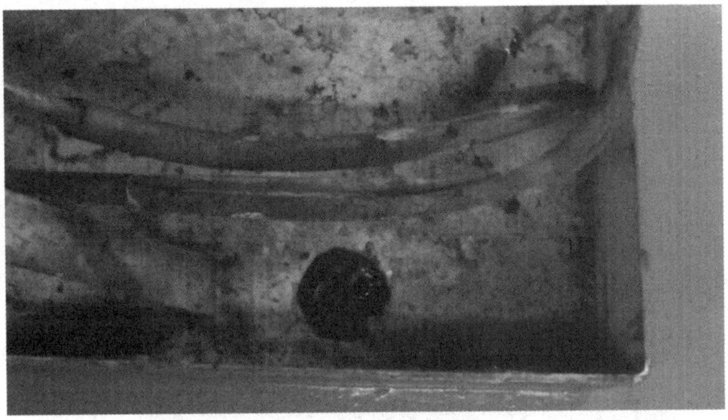

图 4-32 机器泄放水

各种管路的漏水,如图 4-33 所示。

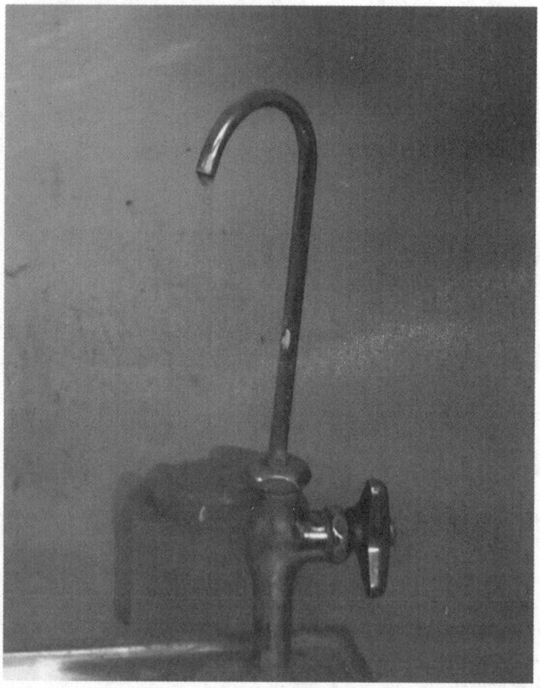

图 4-33　管路漏水

机舱的清洁水以及可能出现船体破损而带来的海水渗入，如图 4-34 所示。

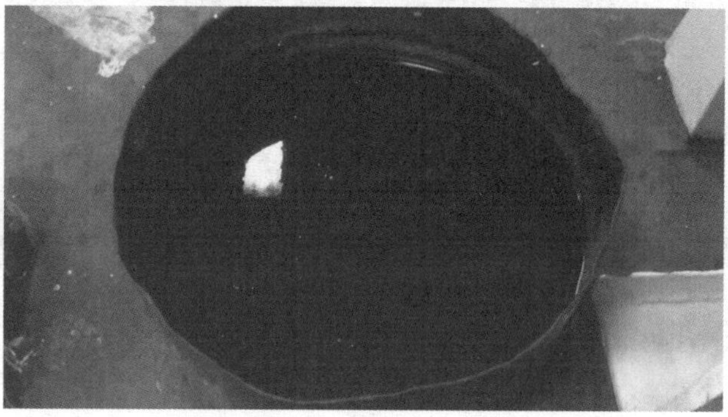

图 4-34　机舱清洁水

对于正常营运的船舶来讲，机舱的舱底水不会太多，机舱污水最终会积聚在机舱左右污水井及后污水井，如图 4-35 所示。

污水井的污水经污水泵打到污水柜，如图 4-36 所示，并且在合适的时间和地点，要么经油水分离器将符合要求的机舱污水排到船舷外，要么到港后排放岸上或者由回收船进行处理。

如果是出现船体破损，可能会有大量的海水涌入机舱，而污水泵处理污水的能力只有 5 m^3/h，这个时候，就要打开应急吸入阀，可以通过主海水泵将大量的舱底水排出去，如图 4-37 所示。

图 4-35　污水井

图 4-36　污水泵

图 4-37　应急吸入阀

利用污水泵将污水从污水井打到污水柜的操作。

打开污水井吸入阀,如图 4-38 所示。

打开污水泵污水吸入总阀,如图 4-39 所示。

打开污水排出阀,如图 4-40 所示。

图 4-38　污水井吸入阀

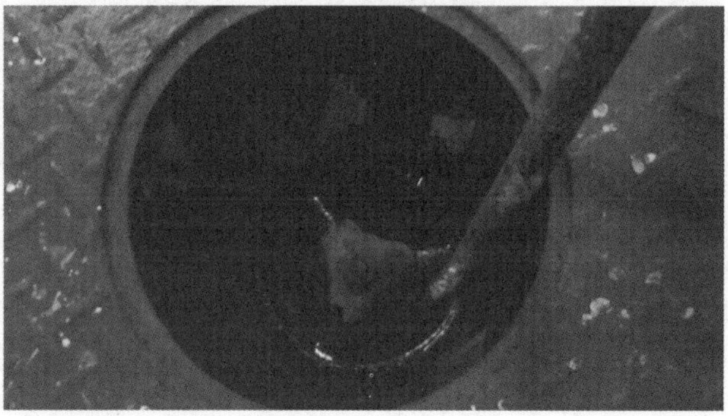

图 4-39　污水吸入总阀

图 4-40　污水排出阀

打开污水泵去污水观察柜阀,如图 4-41 所示。

打开污水观察柜去污水柜的阀,如图 4-42 所示。

起动污水泵。

观察污水泵吸入真空表以及排出压力情况,如图 4-43 所示。

如果真空度太高,说明吸入管路可能出现堵塞;如果真空度太低,说明管路漏气。

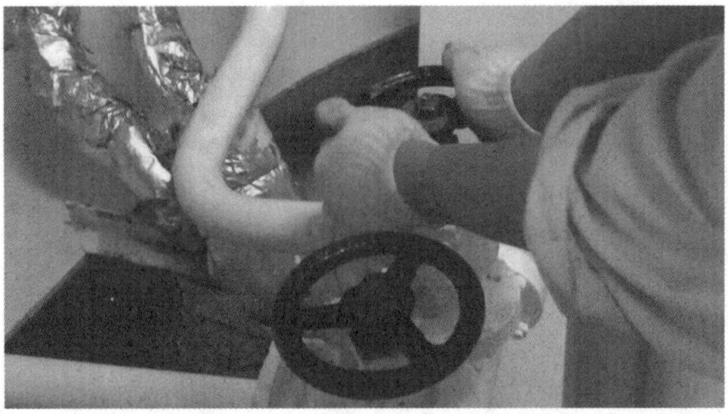

图 4-41　污水泵去污水观察柜阀

图 4-42　污水观察柜去污水柜阀

图 4-43　污水泵吸、排压力表

对于污水柜的水位，要定期测量，如图 4-44 所示。

视情利用油水分离器来处理污水柜的污水，并且做好油类记录簿的填写工作，如图 4-45 所示。

货舱舱底水操作。

货舱舱底水，也就是大舱污水，主要是来自甲板部的洗舱操作，如图 4-46 所示。

可以通过消防泵以及真空喷射泵将大舱污水排到舷外。

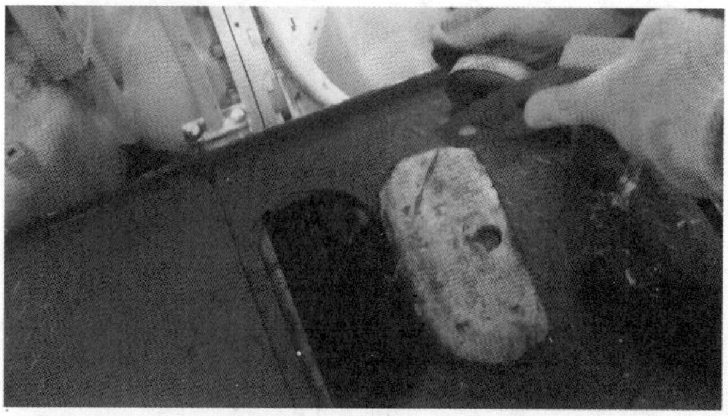

图 4-44　污水柜测量

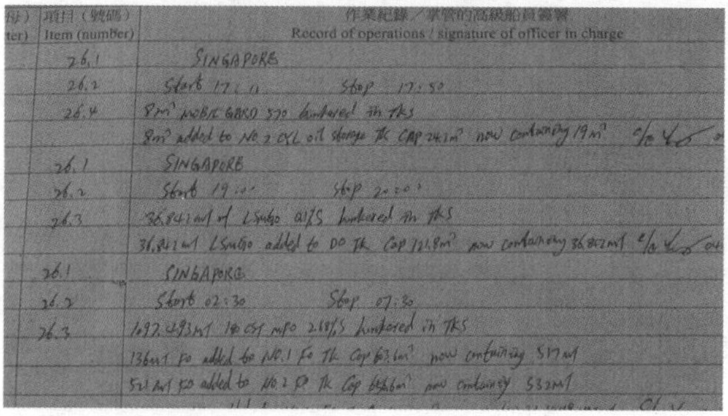

图 4-45　油类记录簿

图 4-46　货舱清洗

对消防泵进行盘车，打开消防泵的一个吸入阀，这个吸入阀吸入的水来自海底门，如图 4-47 所示。

稍开消防泵的出海阀准备进行调压，如图 4-48 所示。

打开消防泵的一个出口阀，这个出口阀是通往真空喷射泵的，如图 4-49 所示。

图 4-47 消防泵海水吸入阀

图 4-48 通往出海阀的消防泵出口阀

图 4-49 通往喷射泵的出口阀

打开真空泵工作水的进口阀,如图 4-50 所示。

打开真空泵的出海阀,如图 4-51 所示。

起动消防泵,观察消防泵进、出口压力,如图 4-52 所示。

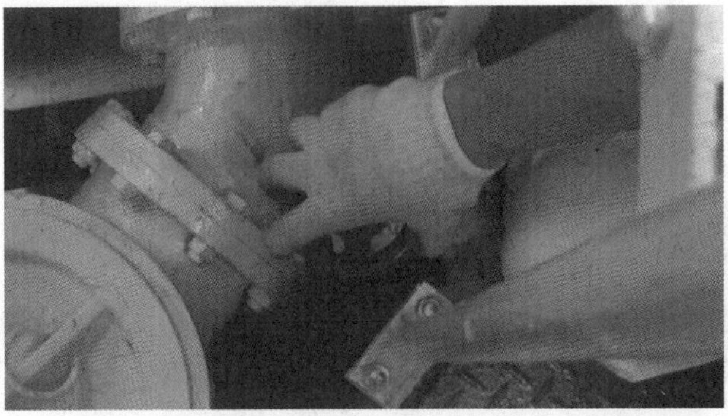

图 4-50　喷射泵工作水进口阀

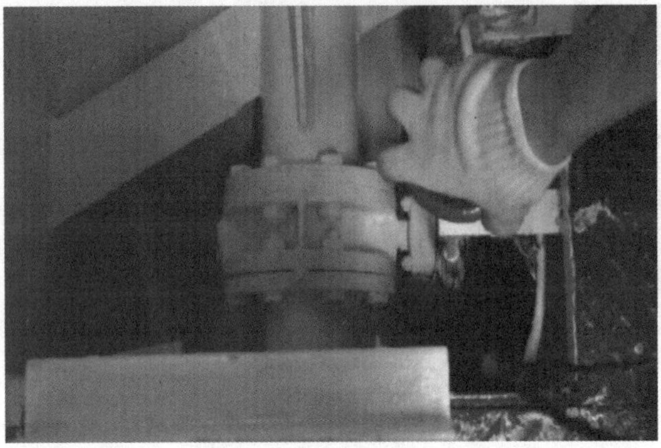

图 4-51　喷射泵出海阀

图 4-52　消防泵进、出压力表

观察喷射泵的真空度,如图 4-53 所示。

打开喷射泵污水吸入总阀,如图 4-54 所示。

假设要将 4 舱左的污水打出去,可以打开 4 舱左的污水阀,如图 4-55 所示。

图 4-53　喷射泵真空表

图 4-54　喷射泵污水吸入总阀

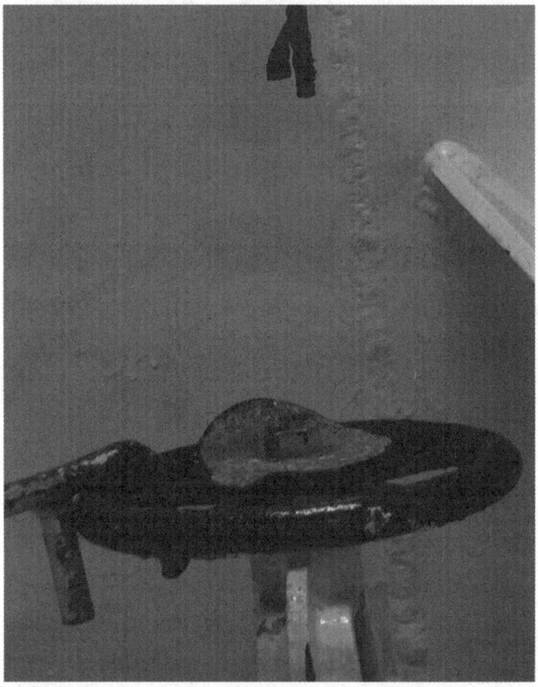

图 4-55　4 舱左的污水阀

我们看到现在喷射泵的真空度有所下降,说明已经抽到水了,如图 4-56 所示。

图 4-56　喷射泵真空表显示真空度值

通过真空喷射泵,可以将 4 舱右的污水全部打出去。

5 空气压缩机操作与管理

活塞式空压机操作与管理。

5.1.1 海事局评估要素

①空压机起动操作。
②空压机运行管理。
③空压机停车操作。

5.1.2 教学设备与设施

实船机舱或学校自动化模拟机舱，本节编制主要基于某散货船机舱实际操作。

5.1.3 实船操作

5.1.3.1 空压机的起动

空压机型号为：SPERRE HV2/270，如图 5-1 所示。

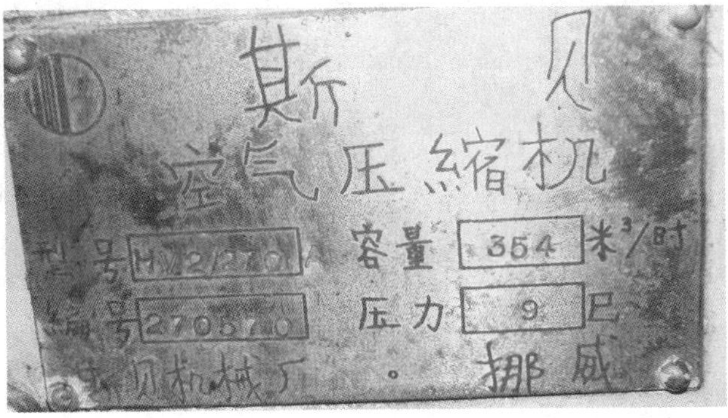

图 5-1 空压机铭牌

假设对空压机进行了气阀的检修工作,现在要投入使用。如图 5-2 所示,在空压机起动之前, 要对空压机的周围进行检查,以确保不存在阻碍空压机运行的物品。

图 5-2　空压机外观

对空压机的底座螺栓进行检查,如图 5-3 所示。

图 5-3　空压机底座螺栓

检查曲轴箱的滑油油位,如图 5-4 所示。

图 5-4　空压机曲轴箱油位

打开冷却淡水泵的进口阀,如图 5-5 所示。

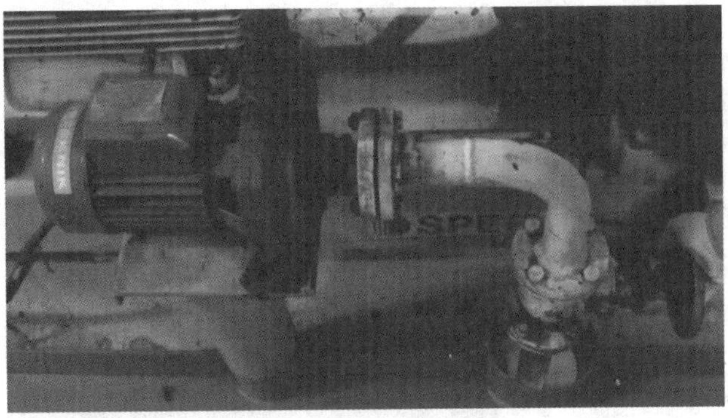

图 5-5　打开冷却淡水泵进口阀

打开空压机(冷却)淡水出口阀,如图 5-6 所示。

图 5-6　打开空压机冷却系统出口阀

对冷却系统进行放气处理,如图 5-7 所示。

图 5-7　空压机冷却系统放气

检查一下空压机的气路阀门开关是否正确，这里要打开空压机出口的截止阀，如图 5-8 所示。

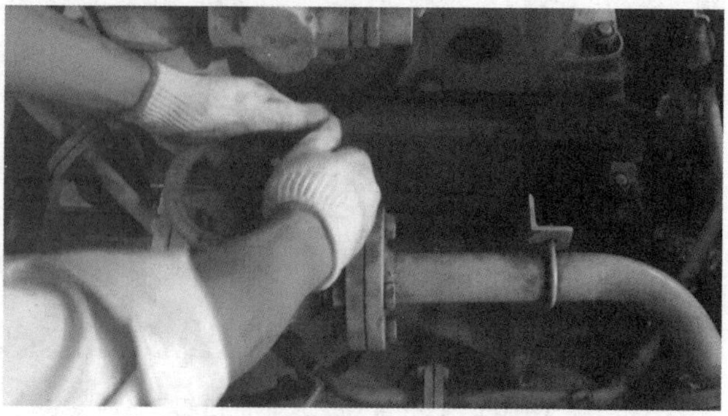

图 5-8　打开空压机二级排气截止阀

打开空气瓶的进口阀，如图 5-9 所示。

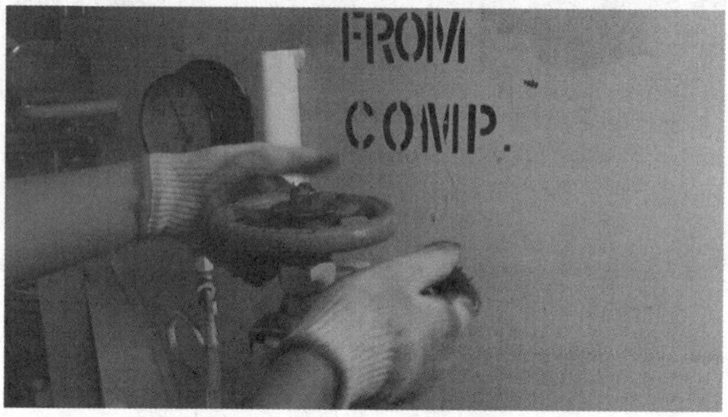

图 5-9　打开空气瓶进口阀

确认手动卸载阀已经处于一个开启的位置，如图 5-10 所示。

图 5-10　启用卸载阀

确认一级放残阀已经打开,如图 5-11 所示。

图 5-11　确认一级放残阀已经开启

打开液气分离器的放残阀,如图 5-12 及图 5-13 所示。

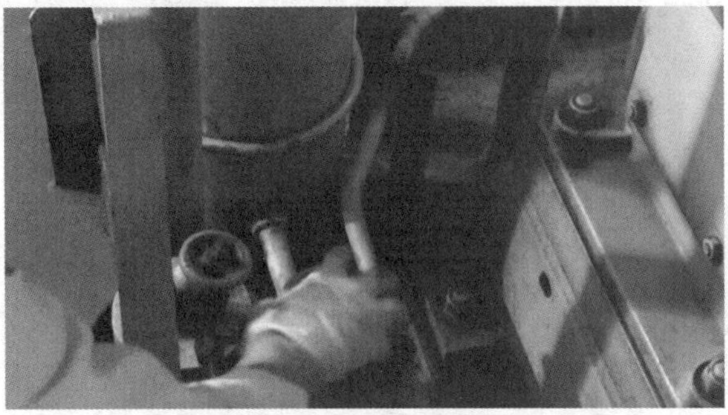

图 5-12　打开液气分离器放残阀

图 5-13　液气分离器外观

在以上工作做好之后，对空压机进行盘车，以证实内部运转没有异常，如图 5-14 所示。

图 5-14　空压机手动盘车

在以上起动准备工作做好之后，我们要到集控室对空压机控制箱送电。为了避免空压机的突然起动，可以将机旁的起动开关锁住，如图 5-15 所示。

图 5-15　机旁起动开关锁住

在集控室对空压机进行送电，控制方式选在手动位置，如图 5-16 所示。

在空压机机旁要对空压机进行起动，注意起动电流表，如图 5-17 所示。

空压机运转以后，要注意空压机的电流、空压机运转的声音以及空压机淡水压力、一级压缩压力、二级压缩压力、滑油压力以及冷却淡水温度，如图 5-18 所示。

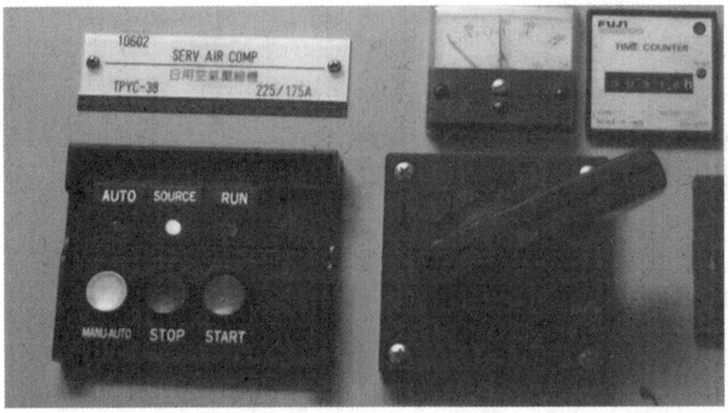

图 5-16　空压机送电

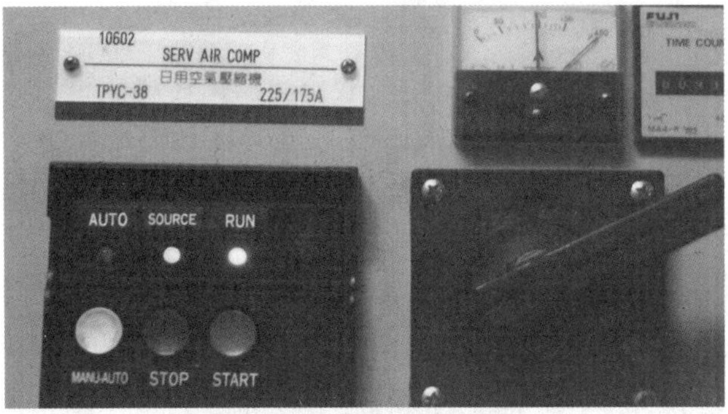

图 5-17　空压机起动瞬间电流

图 5-18　运行空压机压力及温度参数

在确认以上参数都正常后,可以将空压机的运行状态从手动改为自动。在集控室将空压机的控制方式从手动转换为自动,如图 5-19 所示。

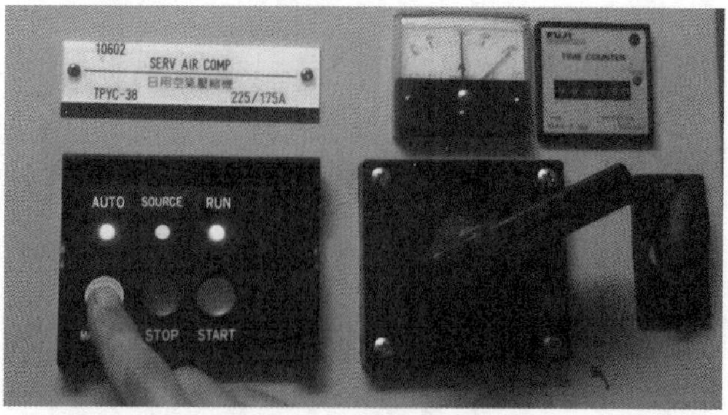

图 5-19　空压机转自动模式

5.1.3.2　**空压机的管理**

在空压机的运行管理中,要注意空压机电流表指示的运转电流、检查冷却水出口温度、冷却水压力、一级排气压力、二级排气压力、滑油压力,注意这些参数是否处于正常的范围内。

对一级冷却器进行放残操作,检查滑油油位,以及定期开启液气分离器的放残阀。注意低压级安全阀以及高压级安全阀是否存在漏气的现象,如图 5-20 及图 5-21 所示。

图 5-20　二级安全阀

图 5-21　安全阀外观

通过触摸,检查一下四个气阀盖温度的变化情况,如图 5-22 及图 5-23 所示。

图 5-22　检查气阀盖温度

图 5-23　气阀盖外观

此外在空压机的运行过程中,要特别注意它是否存在异常的声音、异常的振动以及机体表面是否出现异常高温等情况。

5.1.3.3　空压机的停用

空压机的停用分短期停用和长期停用。

短期停用操作:

第一,在集控室的控制屏上, 将空压机的控制方式选择在手动位置,挂上停用的牌子,如图 5-24 所示。

图 5-24　集控室起动控制面板挂停用牌子

在机旁,同样要将空压机的起动按钮锁住,并且挂上停用的牌子,如图 5-25 所示。

图 5-25　机旁起动按钮锁住

第二,打开手动卸载阀,如图 5-26 所示。

图 5-26　卸载阀投入使用

确认一级放残阀已经开启,如图 5-27 所示。

打开液气分离器的放残阀,如图 5-28 所示。

第三,将空压机二级出口的截止阀关掉,如图 5-29 所示。

图 5-27　确认一级放残阀已经开启

图 5-28　打开液气分离器放残阀

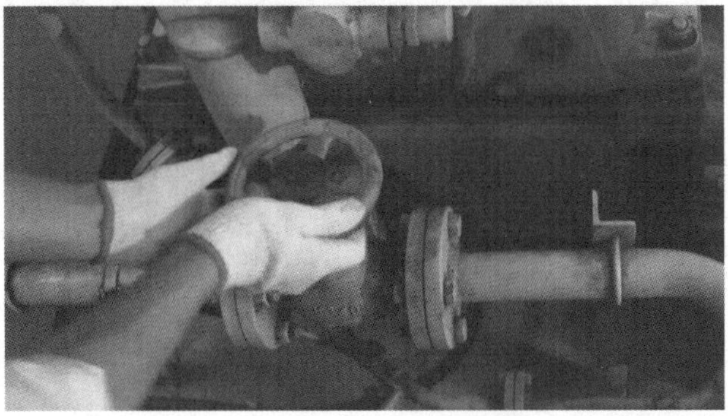

图 5-29　关闭二级出口截止阀

将空气瓶的进口阀关掉,如图 5-30 所示。

如果是要长期停用,还要做到以下几点:

第一,对空压机的冷却系统进行处理。

将空压机内部的冷却水放空,将空压机的淡水进口阀关闭,如图 5-31 所示。

将淡水的出口阀也关闭,如图 5-32 所示。

第二,润滑的一些工作。

图 5-30　关闭空气瓶进口阀

图 5-31　关闭冷却淡水进口阀

图 5-32　关闭冷却淡水出口阀

有条件的话，要将缸头上面的四个进排气阀进行润滑处理，二级出口止回阀也要进行润滑处理，如图 5-33 所示。

空压机内部的气缸表面润滑处理。

曲轴的润滑油处理：将空压机油底壳的润滑油换新。

此外，空压机电动机要用塑料薄膜将它盖住，每周还要对空压机进行一次盘车，如图 5-34 所示。

图 5-33　二级出口止回阀

图 5-34　空压机电动机

6 分油机操作与运行管理

分油机操作与运行管理。

6.1.1 海事局评估要素

①分油机起动前的准备工作。
②分油机起动操作。
③分油机分油作业操作。
④分油机排渣操作。
⑤分油机的运行管理。
⑥停止分油机的操作。

6.1.2 教学设备与设施

实船机舱或学校自动化模拟机舱,本节编制主要基于某散货船机舱实际操作。

6.1.3 实船操作

重油分油机的型号:阿法拉伐 MFPX307TFD-21,如图 6-1 所示。

图 6-1　重油分油机

控制系统:EPC-400,如图 6-2 所示。

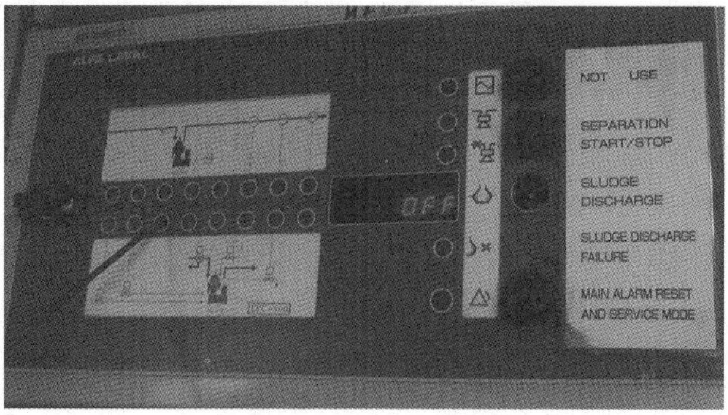

图 6-2　EPC-400 控制箱

6.1.3.1　分油机起动前的准备工作

确认分油机已经安装妥当。

确认分油机滑油油位正常,如图 6-3 所示。

图 6-3　检查分油机滑油油位

确认分油机刹车装置已经脱开。

对分油机进行手动盘车,如图 6-4 所示。

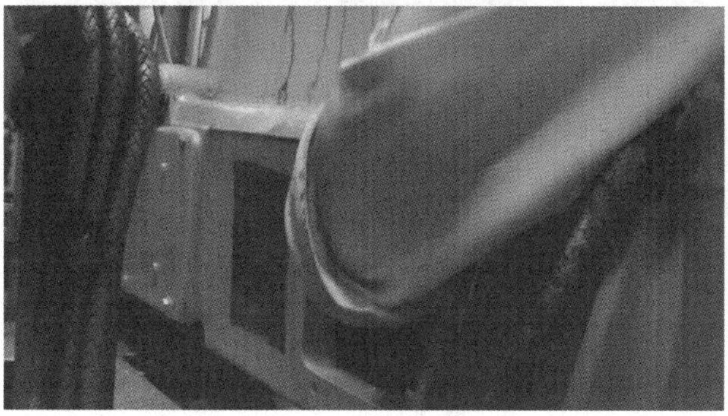

图 6-4　手动盘车

确认分油机燃油供应泵电源已经合上以及确认燃油分油机电源已经合上，如图 6-5 所示。

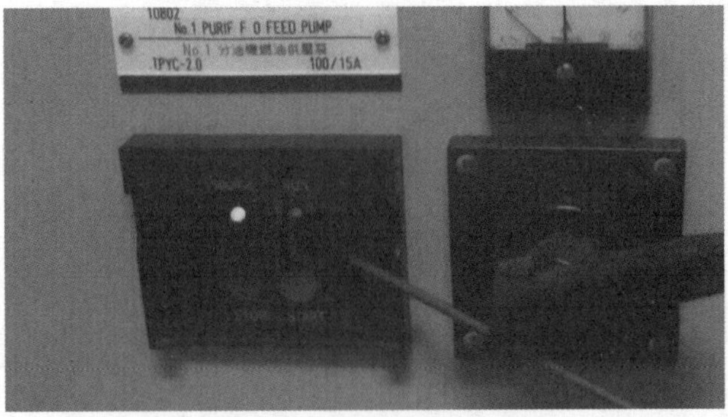

图 6-5　分油机电源及燃油泵供电

确认 EPC-400 控制器的控制模式为当地模式。

合上控制系统的电源，确认控制空气压力正常，如图 6-6 所示。

图 6-6　检查控制空气压力

确认分油机工作水阀是否已经开启，如图 6-7 所示。

图 6-7　工作水进口阀

确认燃油分油机燃油系统阀门开关正确，如图 6-8 所示。

图 6-8　燃油阀

检查沉淀柜的油位、油温及放残情况，如图 6-9 所示。

图 6-9　重油沉淀柜

分油机起动准备工作做好之后，进行分油机的起动工作。

起动燃油供应泵。检查燃油供应泵的工作情况，如图 6-10 所示。

图 6-10　燃油泵工作压力表

开启燃油加热器蒸汽阀,如图 6-11 所示。

图 6-11　打开蒸汽加热器进口阀

对重油分油温度进行设定(95℃),如图 6-12 所示。

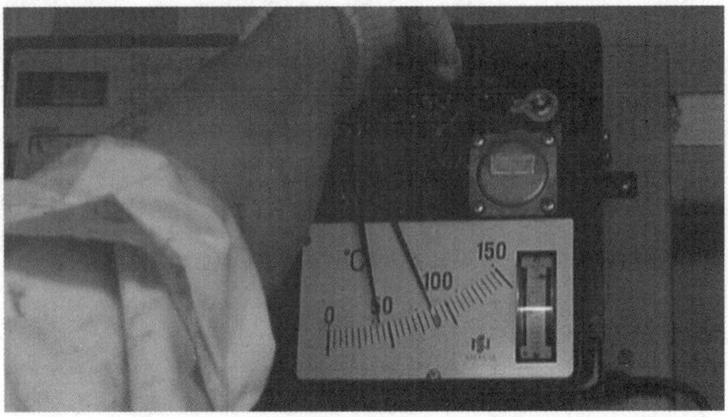

图 6-12　重油分油温度设定

起动燃油分油机,起动电流比较大,起动运行一段时间之后会恢复正常,如图 6-13 所示。

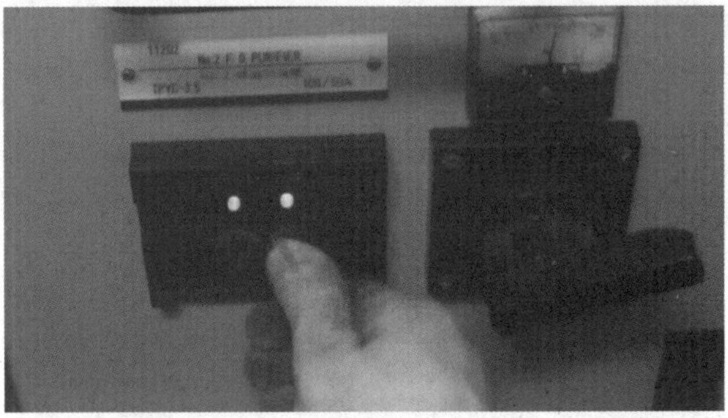

图 6-13　分油机电流表

在分油机起动运转期间要检查一下分油机的运行情况，注意分油机起动的声音以及振动情况等等。

6.1.3.2 分油程序开始

检查分油机起动时的电流，等电流稳定之后就可以到现场进行分油机的分油程序起动操作。

检查燃油温度上升的情况，当温度上升到设定值时，在 EPC-400 控制面板上，我们按下分油机分油起动操作按钮，这时分油机就自动进行了分油程序，在分油机进入分油程序之后，要检查一下分油机的工作情况，如图 6-14~图 6-16 所示。

图 6-14 燃油分油温度

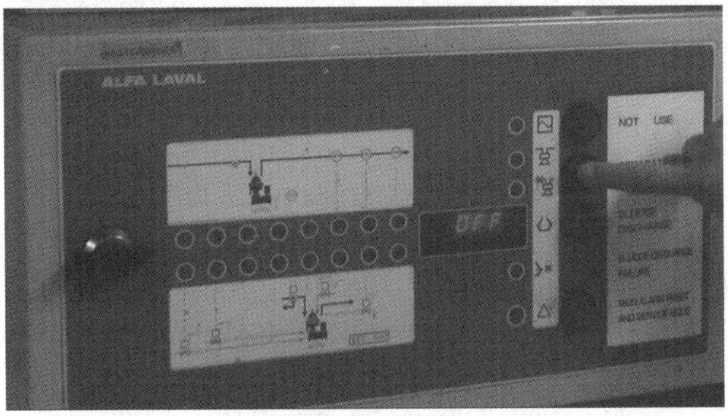

图 6-15 按分油机起动/停止按钮

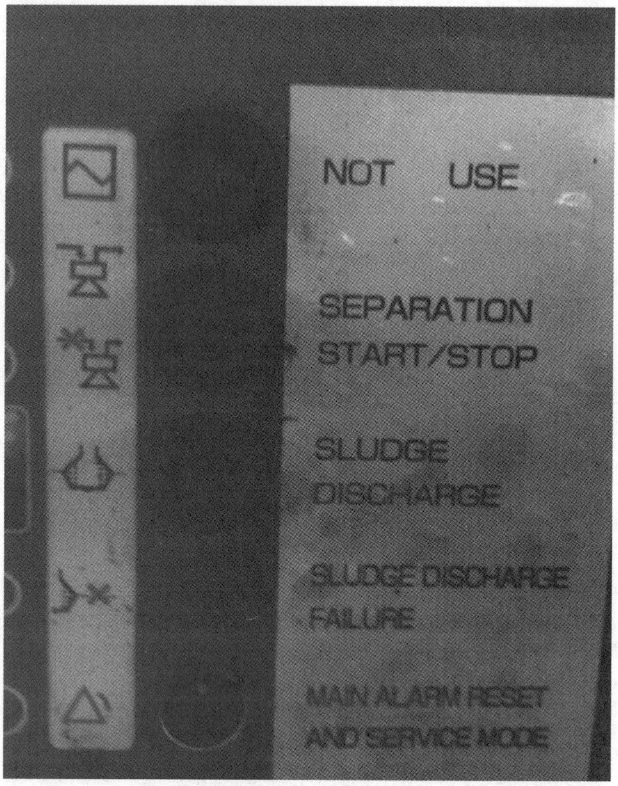

图 6-16 EPC-400 控制按钮

6.1.3.3 **分油机的运行管理**

检查分油机机体是否存在异常振动以及是否发出异常声响等；检查分油机的各个连接管路是否存在滴漏的情况；检查分油机齿轮箱滑油油位的情况；检查分油机排油出口压力，如图 6-17 所示。

图 6-17 分油机排出压力

通过 EPC-400 控制系统检查分油机其他的一些工作参数，如图 6-18 所示。

检查分油机三通阀控制空气压力的情况，如图 6-19 所示。

检查分油机燃油供给泵的运行情况，注意吸入、排出压力，如图 6-20 所示。

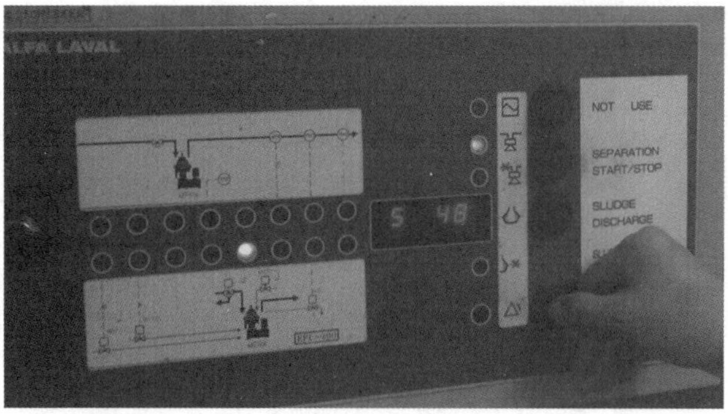

图 6-18　通过报警复位按钮查看其他工作参数

图 6-19　控制空气压力

图 6-20　燃油泵工作压力

检查燃油分油机的运行电流,如图 6-21 所示。

检查燃油分油机燃油供应泵的运行电流情况,如图 6-22 所示。

6.1.3.4　分油机排渣作业

分油机在运行过程中如果想检查一下分油机的排渣情况,可以通过 EPC-400 控制系统面板上的排渣按钮来实现,如图 6-23 所示。

图 6-21　分油机工作电流

图 6-22　燃油供应泵工作电流

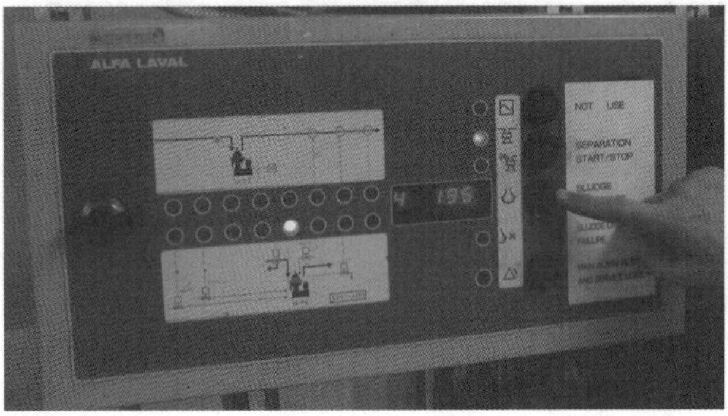

图 6-23　按排渣按钮

6.1.3.5　停止分油机的操作

按 EPC-400 起动面板上的起动/停止按钮，分油机进行一次自动排渣，排完渣之后分油机自动切断电源停止工作，如图 6-24 所示。

分油机排渣之后 EPC-400 控制系统上显示是“OFF”的标识，如图 6-25 所示。

关闭燃油加热器蒸汽阀，如图 6-26 所示。

图 6-24　按起动/停止按钮

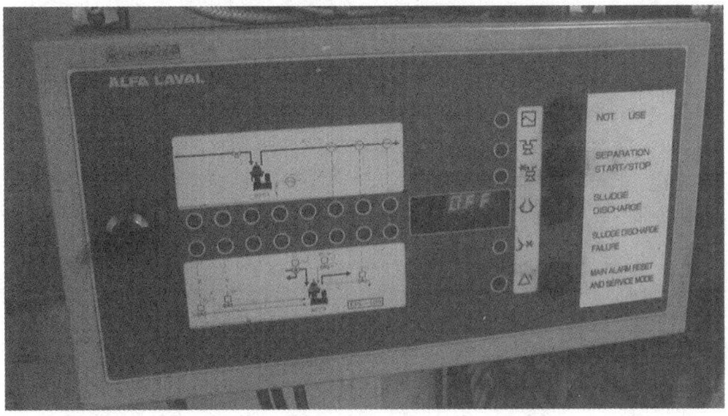

图 6-25　EPC-400 显示“OFF”标识

图 6-26　蒸汽阀关闭

将分油机燃油温度设定值调低,如图 6-27 所示。

停止分油机燃油供应泵。

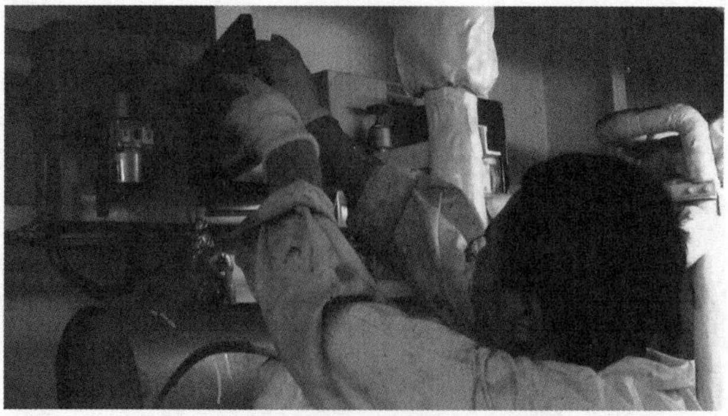

图 6-27　分油机燃油温度设定值调低

7 液压甲板机械操作与运行管理

液压甲板机械操作与运行管理。

7.1.1 海事局评估要素

①正确开关有关阀件。
②操作程序正确无误。
③油泵油压、油量检查。
④系统及阀件有无漏泄现象。
⑤系统有无不正常噪声。
⑥加油时应避免空气进入系统。
⑦应保持适当油位。
⑧冷却器与过滤器拆装及清洁。
⑨拆装及清洁方法正确无误。

7.1.2 教学设备与设施

实船机舱或学校自动化模拟机舱,本节编制主要基于某散货船机舱实际操作。

7.1.3 实船操作

在舵机房有两台电动机,每台电动机输出轴各带一个液压泵,液压泵的型号是 P140,液压泵是单向变量恒功率液压泵,液压泵为甲板的开舱油缸、甲板绞缆机以及甲板锚机提供了压力油,如图 7-1 及图 7-2 所示。

在液压泵后面, 就是液压系统的油箱,如图 7-3 所示。

图 7-1　电动机及液压泵

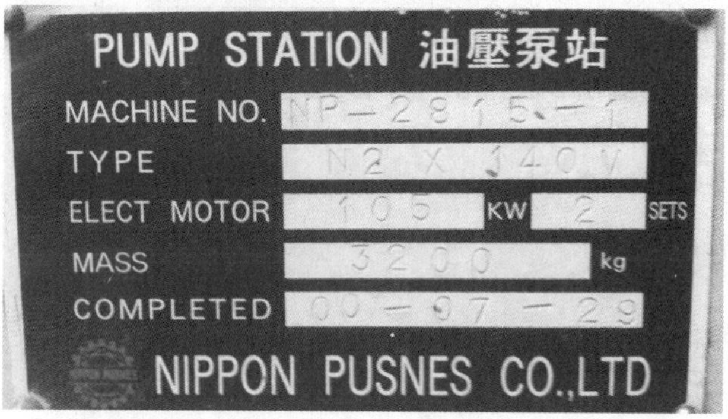

图 7-2　液压泵站铭牌

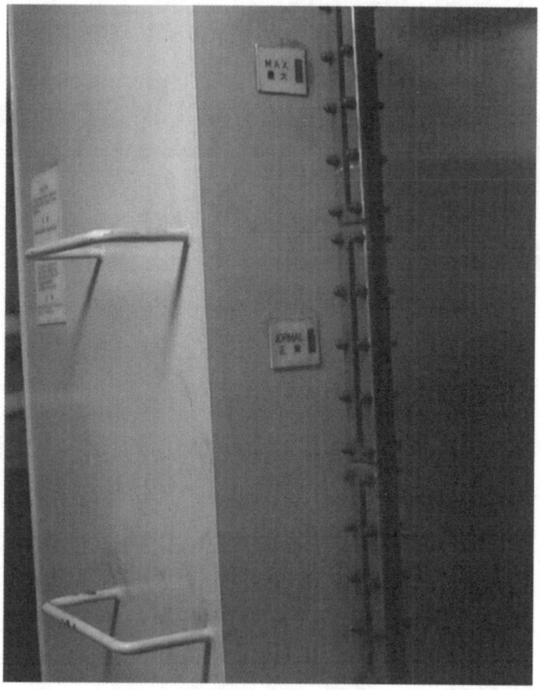

图 7-3　液压油箱

在油箱后面,是一个液压油冷却器,如图 7-4 所示。

图 7-4 液压油冷却器

在离液压泵不远的地方,有一个液压泵的控制电屏,分别控制 1 号液压泵和 2 号液压泵的起停,如图 7-5 所示。

图 7-5 液压泵控制电屏

控制电屏上有两个按钮,一个是“STANDBY”,还有一个是“WORKING”,如图 7-6 所示。

图 7-6 备用和工作按钮

它是液压系统工作压力的选择按钮,在起动液压泵之前或者停止液压泵之前,要将系统工作压力选择在“STANDBY”位置,液压泵所泵出的液压油被旁通,即压力油比较低,甲板机械无法起动。

当要使用甲板机械时,要将它选择在“WORKING”位置。液压泵就会向甲板液压管路供出压力油。

在后甲板,有两个绞缆机,如图 7-7 所示。

图 7-7　后甲板左绞缆机

这是绞缆机连杆式液压马达,如图 7-8 所示。

图 7-8　绞缆机液压马达

这里有两根液压油管,一根比较粗,一根比较细。粗的是回油管,细的是进油管,如图 7-9 所示。

图 7-9　液压马达进、回油管

绞缆机操纵手柄,如图 7-10 所示。它共有三个工作位置:中间位置,就是停止的位置;手柄往前推,那就是送出缆绳;手柄往后拉,那就是收回缆绳。

这是甲板货舱开舱油缸。每个货舱都有四个这样的开舱油缸,如图 7-11 所示。

图 7-10　绞缆机操纵手柄

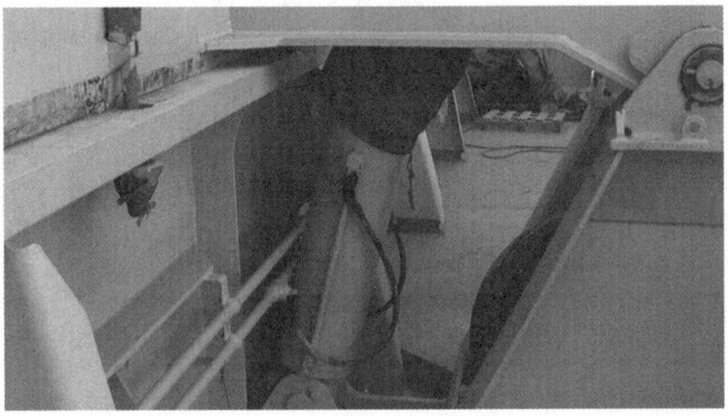

图 7-11　开舱油缸

这个就是货舱油缸的操纵手柄,如图 7-12 所示。

图 7-12　舱盖操纵手柄

它也是有三个工作位置:中间位置,是停止的位置;如果想升起舱盖,要把手柄往前推;如果是要盖上舱盖,要将手柄往后拉。

在船头,有两台锚机,也可以作为绞缆机使用,如图 7-13 所示。

锚机与绞缆机共用一个液压马达,这是锚机的操纵手柄,同样也是有三个工作位置,如图 7-14 所示。

液压泵的起动操作:

确认系统压力控制选择处于“STANDBY”位置,如图 7-15 所示。

图 7-13　船首锚机

图 7-14　锚机液压马达

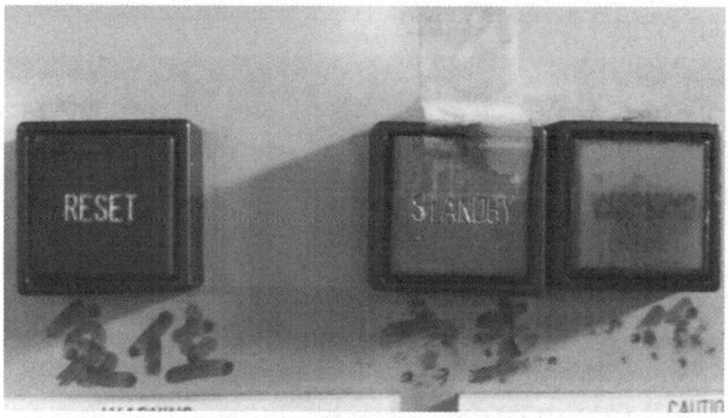

图 7-15　备用、工作和复位按钮

确认液压泵的进口阀已经开启,如图 7-16 所示。

确认液压泵的出口阀已经开启,如图 7-17 所示。

确认液压油冷却器冷却水进、出口阀已经开启,如图 7-18 所示。

如果天气很冷的话,先不让冷却器投入工作,等到液压油温度上升到一定值时,再让冷却器投入工作。

图 7-16　液压泵进口阀开启

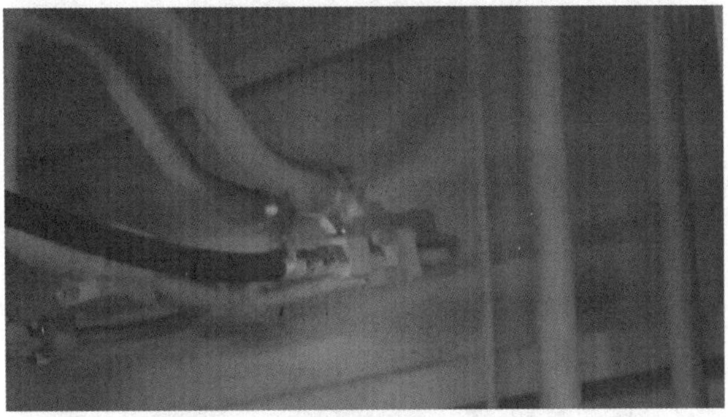

图 7-17　液压泵出口阀开启

图 7-18　液压油冷却器冷却水进、出口阀开启

检查一下液压油箱的油位情况，如图 7-19 所示。

根据需要，有选择的起动一台液压泵或者是两台液压泵，如图 7-20 所示。

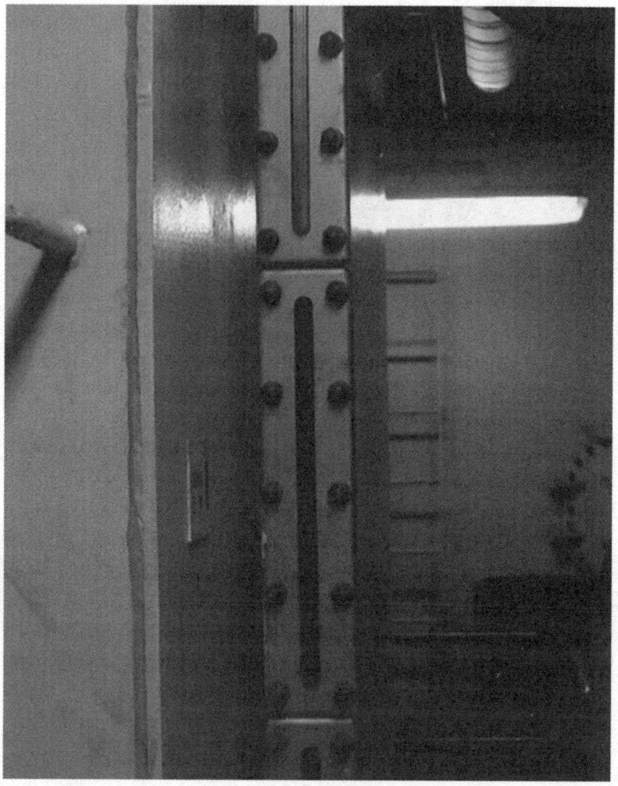

图 7-19　检查液压油箱的油位

图 7-20　起动液压泵

液压泵运转正常之后，将系统压力控制选择方式放在工作位置，如图 7-21 所示。
如果天气很冷，要等到液压油温度上升之后才将液压系统压力控制选择在工作位置。
在液压泵工作的时候，经常检查液压泵的油压情况，如图 7-22 所示。

图 7-21 选择工作模式

图 7-22 检查液压泵排出压力

检查液压油箱油位的情况。检查系统油箱液压油的温度，如图 7-23 所示。

检查冷却器的工作情况。通过触摸冷却水进口管以及出口管，感受温度差来判断冷却器的工作情况，如图 7-24 所示。

图 7-23 检查油箱液压油温度

图 7-24 感受冷却器冷却水进、出口温度差

经常检查系统管路以及阀件是否存在漏泄的现象,以及注意原动机马达和液压泵是否有不正常的声音和振动的情况,如图 7-25 所示。

当甲板部不需要使用液压甲板机械时,这个时候就要停止液压泵。停止液压泵之前,要将压力控制选择在“STANDBY”位置后再停掉液压泵。液压泵停掉后,要将冷却水阀关掉。如果天气很冷或者预计要去非常冷的地方,不仅要将冷却水停掉,而且要将冷却系统管路里的海水放空以避免结冰。

在使用冷却器一段时间之后,如果发现冷却器海水进口管以及出口管海水温度相差不大,而系统油箱液压油温度比较高,这个时候可以判断冷却器脏了,冷却器需要进行清洗,对冷却器的

图 7-25　检查液压管路

清洗一般只清洗海水侧,可以是机械清洗,也可以是化学清洗。在冷却器海水管路位置上有两个法兰,如图 7-26 所示。

图 7-26　清洗法兰(化学清洗时使用)

在冷却水停用后,可以将它们拆开,通过气泵清洗设备,利用化学药剂对冷却器进行清洗。

甲板液压泵液压系统油箱上有两个滤器,即液压工作油的回油滤器及泄放油回油滤器,如图 7-27 所示。

两个滤器都装有滤器压差报警装置以及单向阀。当滤器的前后压差达到一定程度后会出现报警,这个时候回油或者是泄油就会顶开单向阀。液压油在没有经过滤器的情况下,直接返回油箱。

图 7-27 回油滤器与泄放油滤器

如果系统油箱油位过低,甚至出现了低油位的报警,这个时候就要对液压系统进行加油,这里不能直接将油从油桶里驳入到油箱里去,因为根据厂家的研究发现,桶里的油污染程度要比系统油严重。加入油箱的液压油,要经过滤器的过滤,如图 7-28 所示。

图 7-28 空气泵和加油管

通过气泵,将油从油桶泵出,如图 7-29 所示。

图 7-29 液压油

经过回油滤器上的加油法兰,如图 7-30 所示。

液压油进过滤器过滤之后,再进入系统液压油箱。

图 7-30　加油入口法兰

8 油水分离器操作与运行管理

油水分离器操作与运行管理。

8.1.1 海事局评估要素

①油水分离器起动操作。
②油水分离器运行管理。
③油水分离器停车操作。

8.1.2 教学设备与设施

实船机舱或学校自动化模拟机舱,本节编制主要基于某散货船机舱实际操作。

8.1.3 实船操作

本船油水分离器,如图 8-1 及图 8-2 所示。

如果油水分离器是初次安装使用,在使用前,要检查一下油水分离器的管路,包括污水管、污油管、空气管等是否连接正确,电气线路是否安装正确。油水分离器在使用之前,一定要确保油水分离器内部充满海水,可以利用污水泵对油水分离器进行海水注入。

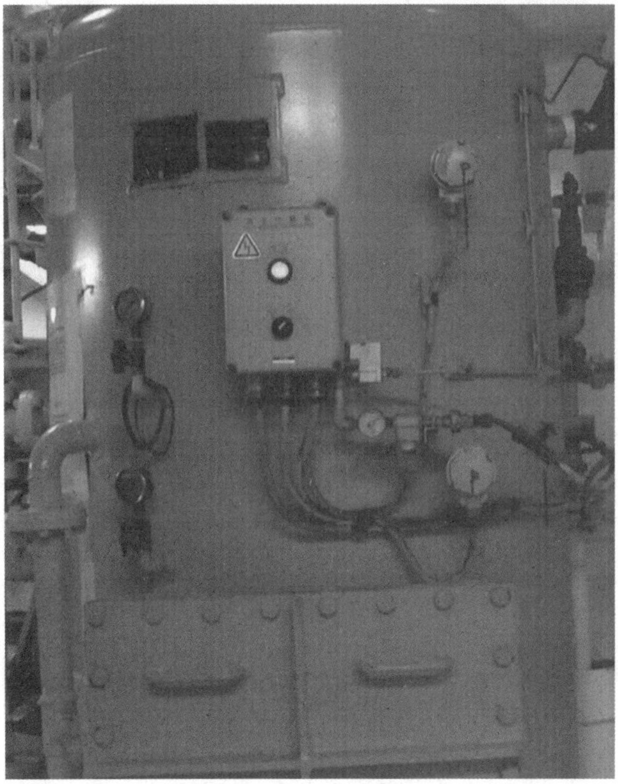

图 8-1　油水分离器

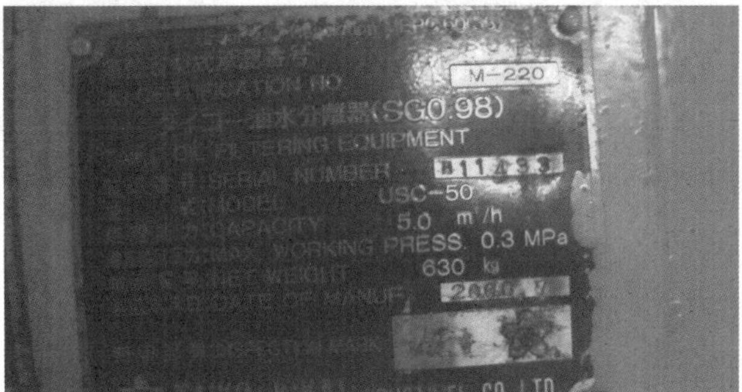

图 8-2　油水分离器铭牌

利用污水泵对油水分离器进行海水注入的操作：确认油水分离器油分浓度监测报警装置，也就是 15 ppm 报警装置通电，如图 8-3 所示。

这个装置通电之后，污水泵才可以进行起动。在油水分离器投入使用之前，要做一下 15 ppm 报警装置功能测试，当发生 15 ppm 报警时，要确认污水泵停止以及污水出海三通阀动作。在 15 ppm 报警装置面盖的内部右下方，有两个按钮，按下标有“OIL”的按钮，按一会儿它就会出现 15 ppm 报警，如图 8-4 所示。

图 8-3　15 ppm 污水报警装置

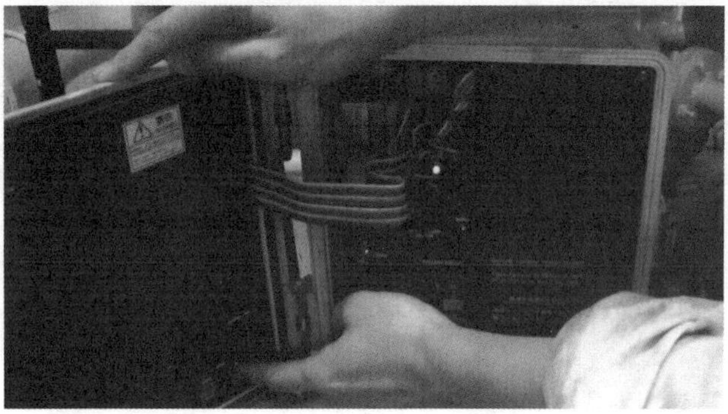

图 8-4　15 ppm 污水报警测试

确认一下污水泵是否处于随时可以起动的状态,如图 8-5 所示。

打开污水泵海水进口阀,如图 8-6 所示。

打开污水泵污水出口阀,如图 8-7 所示。

图 8-5　污水泵

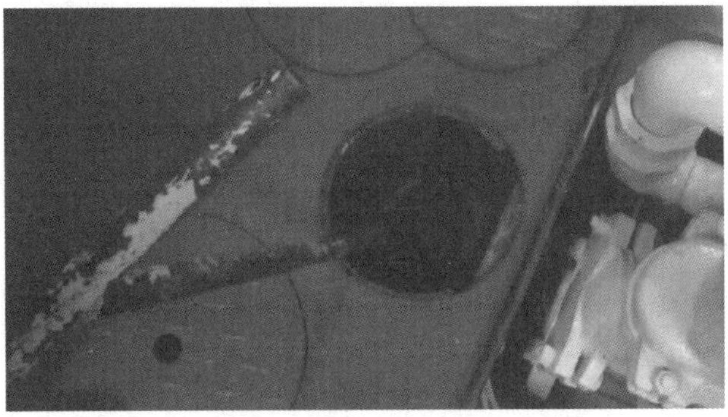

图 8-6　打开污水泵海水进口阀

图 8-7　打开污水泵出口阀

打开污水进油水分离器的进口阀,如图 8-8 所示。

确认一级分离空间和二级分离空间之间的阀门已经开启,如图 8-9 所示。

打开油水分离器二级污水出口阀,如图 8-10 所示。

图 8-8　打开油水分离器污水进口阀

图 8-9　打开两个分离空间之间的阀

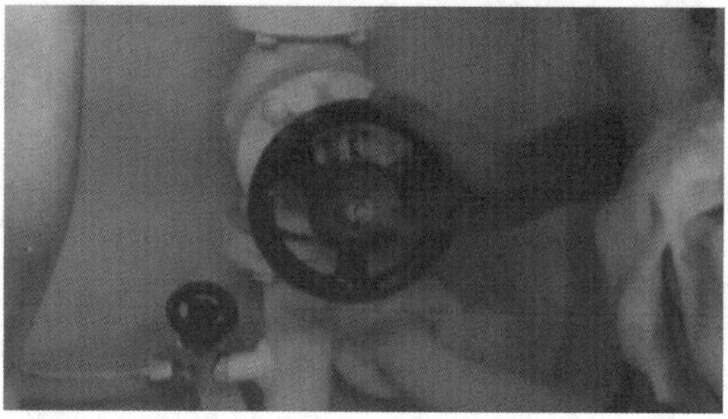

图 8-10　打开油水分离器出口阀

打开污水取样阀,如图 8-11 所示。

打开油水分离器出海三通阀上的控制空气阀,如图 8-12 所示。

当污水油分浓度超过 15 ppm 时,三通阀将污水直接通到污水柜,污水泵停止工作,打开污水出海阀,如图 8-13 所示。

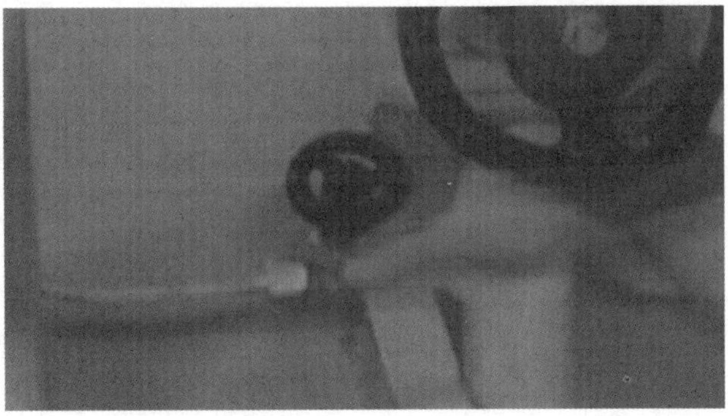

图 8-11　打开污水取样阀

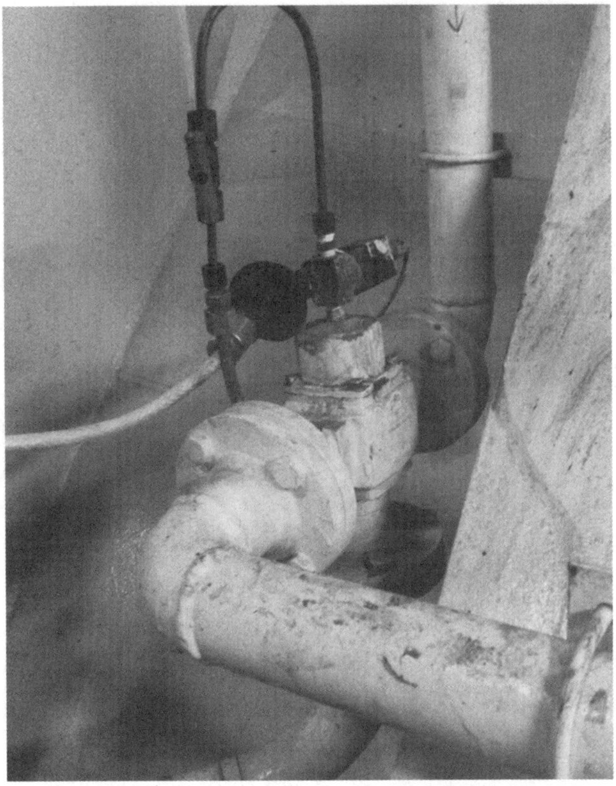

图 8-12　打开三通阀上的控制空气阀

接通排油监控装置电源，如图 8-14 所示。

电源接通之后，一级分离空间以及二级分离空间的油水分界面的监测探头就开始工作了，且第二级排油阀具备了可以开启的条件，因为二级排油阀是电磁阀控制的。

图 8-13　打开污水出海阀

图 8-14　接通排油监控装置电源

开启控制空气阀，如图 8-15 所示。

这个控制空气阀开启后，一级排油阀就具备了可以开启的条件，因为一级排油阀开启的动力就是压缩空气。

起动污水泵进行海水注入工作，注意泵的吸、排压力，如图 8-16 所示。

图 8-15　一级排油阀控制空气

图 8-16　污水泵吸、排压力表

检查油水分离器一级、二级工作压力，如图 8-17 所示。

图 8-17　一级及二级工作压力

开启二级放气小阀,检查注水工作,开启一级放气小阀,如图 8-18 所示。

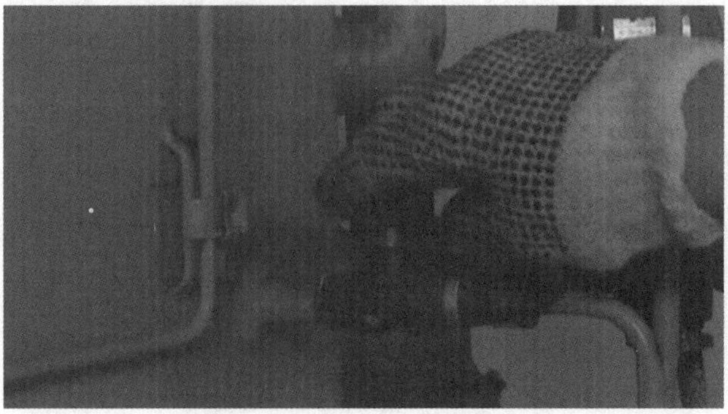

图 8-18　开启二级放气小阀

检查注水工作,检查油水分离器顶部放气阀的工作情况,如图 8-19 及图 8-20 所示。

图 8-19　顶部自动放气阀

图 8-20　用手指触摸自动放气阀出口

当油水分离器顶部放气小阀自动关闭后,说明油水分离器内部已经充满海水了。在确认油水分离器充满海水后,可以打开污水柜的吸入阀,如图 8-21 所示。

打开污水泵污水吸入总阀,如图 8-22 所示。

关污水泵的海水吸入阀,检查污水泵排出压力及吸入压力,检查污水泵的工作情况,如图 8-23 所示。

图 8-21　污水柜吸入阀

图 8-22　污水泵污水吸入总阀

图 8-23　检查污水泵工作情况

检查油水分离器的一级压力以及二级压力，检查油分浓度报警装置的工作情况，如图 8-24 所示。

图 8-24　检查油分浓度报警装置工作情况

打开二级放气小阀，检查污水排出（分离）情况以及打开一级放气小阀，检查污水试样，如图 8-25 所示。

图 8-25　检查污水试样

检查油水分离器外部是否存在漏泄的情况，如图 8-26 所示。

图 8-26　检查油水分离器漏泄情况

如果怀疑油水分离器一级及二级上部空间存在较多的油水，可以通过手动打开一级及二级排油阀来释放内部的油，如图 8-27 及图 8-28 所示。

图 8-27　一级排油阀手动按钮

图 8-28 二级排油阀手动按钮

当不再使用油水分离器进行排污水操作的时候,要将油水分离器停用。在停用油水分离器之前,要将油水分离器内部的污水置换成海水。首先要打开污水泵的海水吸入阀,如图 8-29 所示。

图 8-29 打开污水泵海水吸入阀

关闭污水泵的污水吸入总阀,关闭污水柜的出口阀,如图 8-30 所示。

图 8-30 关闭污水泵的污水吸入总阀

对油水分离器进行海水置换的时候,要打开 15 ppm 报警装置的清水冲洗阀,同时关闭污水取样阀,如图 8-31 所示。

利用污水泵对油水分离器进行污水置换,油水分离器内部污水置换半个小时之后,将污水泵停掉,关污水泵的海水吸入阀,关污水泵的出口阀,关油水分离器的污水进口阀,关油水分离器二

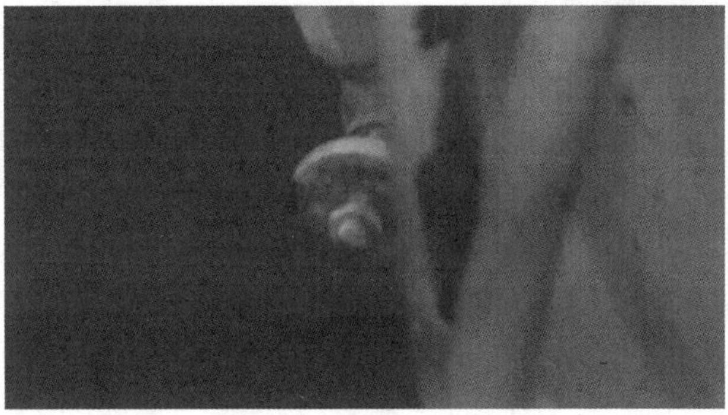

图 8-31　清水冲洗阀

级出口阀，关清水阀，关出海三通阀的空气阀，关油水分离器污水的出海阀，关排油阀的空气阀以及排油阀的控制电源，做好油类记录簿的填写工作。

9 造水机操作与运行管理

造水机操作与运行管理。

9.1.1 海事局评估要素

①造水机起动操作。
②调整造水机冷却水流量。
③造水机给水水位调整操作。
④造水机凝水抽出及凝水水位控制。
⑤造水装置加热水量的调整操作。
⑥停止造水机。

9.1.2 教学设备与设施

实船机舱或学校自动化模拟机舱,本节编制主要基于某散货船机舱实际操作。

9.1.3 实船操作

造水机的型号:JWP-26-C8-0B,如图 9-1 所示。

图 9-1　造水机外观

9.1.3.1 **造水机的起动**

确认造水机淡水舱的进口阀开启，如图 9-2 所示。

图 9-2　打开淡水舱进口阀

确认造水机海水泵的进口阀开启，如图 9-3 所示。

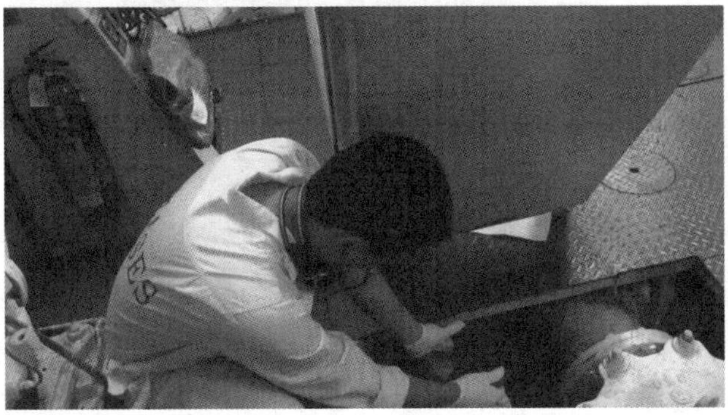

图 9-3　打开造水机海水泵进口阀

打开造水机海水泵的出口阀，如图 9-4 所示。

图 9-4　打开造水机海水泵出口阀

确认打开造水机冷凝器的进口阀,如图 9-5 所示。

图 9-5　打开造水机冷凝器进口阀

打开造水机喷射泵的出海阀,如图 9-6 所示。

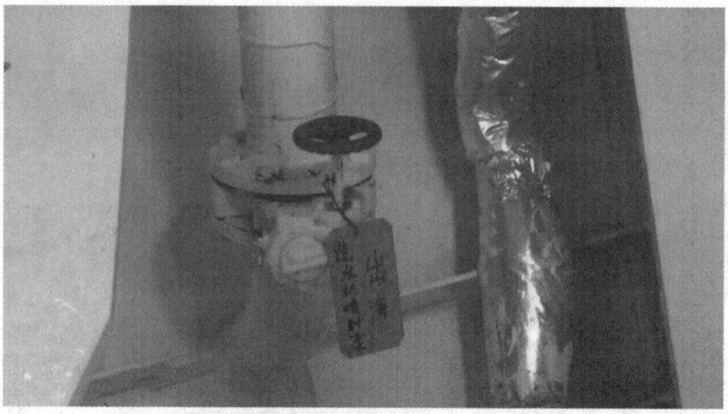

图 9-6　打开造水机喷射泵出海阀

确认给水阀处于关闭的状态,如图 9-7 所示。

图 9-7　确认造水机给水阀关闭

造水机海水泵所泵出的海水首先要经过造水机冷凝器，海水从冷凝器出来以后，一方面，引一只管，通过给水阀引入造水机蒸发器；另一方面，则作为真空喷射泵的工作水。

确认真空破坏阀处于一个关闭的状态，如图 9-8 所示。

图 9-8　关闭造水机真空破坏阀

在确认各个阀门开关正确以后，对造水机海水泵进行盘车，确认海水泵无卡阻，如图 9-9 所示。

图 9-9　海水泵手动盘车

起动造水机海水泵，压力大概在 0.4 MPa 左右，如图 9-10 所示。

图 9-10　海水泵吸、排压力表

检查一下造水机真空喷射泵的工作压力,如图 9-11 所示。

图 9-11 喷射泵海水工作压力

在造水机海水泵起动以后,检查一下造水机喷射泵的工作背压,如图 9-12 所示。

图 9-12 喷射泵出口背压

造水机海水泵起动之后,观察造水机的真空度上升情况。当达到在 70 mmHg 左右的时候,可以打开给水阀,如图 9-13 及图 9-14 所示。

图 9-13 造水机真空表

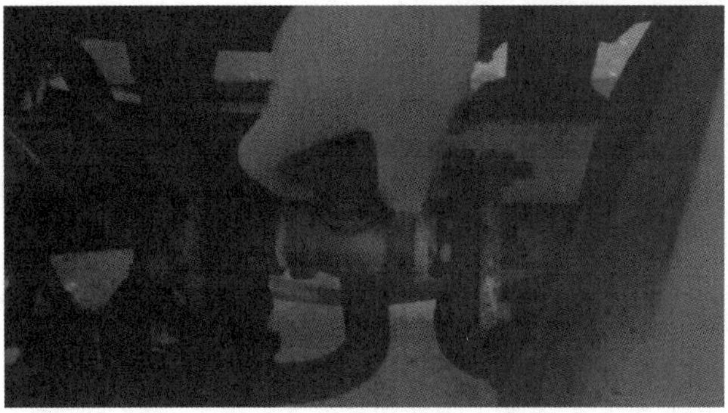

图 9-14　造水机给水阀开启

造水机在给水阀开启之后，海水还要经过一个恒压阀才能进入蒸发器，给水阀要保持全开的状态。

给水进入蒸发器之后，要打开造水机投药桶的出口阀，对给水进行投药处理，如图 9-15 所示。

图 9-15　造水机投药桶的出口阀开启

接下来要将加热水引进蒸发器，对海水进行加热。先慢慢地打开造水机加热水的进口阀，阀开度要小。慢慢打开造水机加热水的出口阀，阀开度要小。一点点关旁通阀，开始对造水机进行加热。通过缓慢调节加热水的进、出口阀及旁通阀的开度，直到进口阀全开，旁通阀全关。只要加热水一加热，我们可以观察到真空度就会变低，说明造水机内部已经有蒸汽产生了，如图 9-16 及图 9-17 所示。

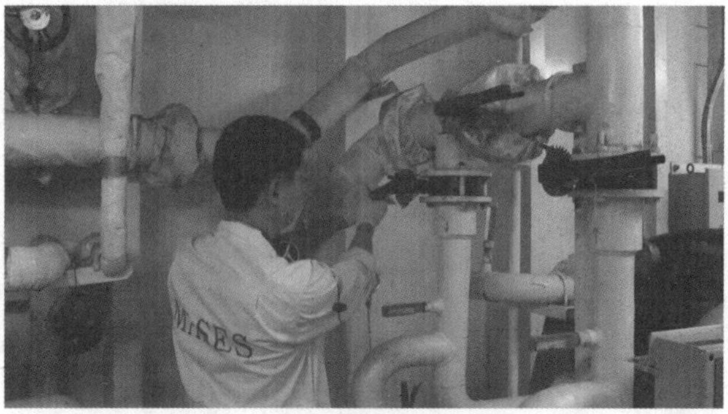

图 9-16　对造水机进行加热

图 9-17　造水机真空度变低

蒸汽进入冷凝空间之后变成淡水，在冷凝器里集聚。冷凝器里的淡水水位会不断升高，如果淡水泵没有及时将淡水抽走，水位会高过真空喷射泵的抽吸口，那么，淡水就会被真空喷射泵抽走。当看到真空喷射泵抽吸真空地方的玻璃观察镜不断有水泡被真空泵抽走时，说明冷凝器里的淡水水位已经很高了，如图 9-18 所示。

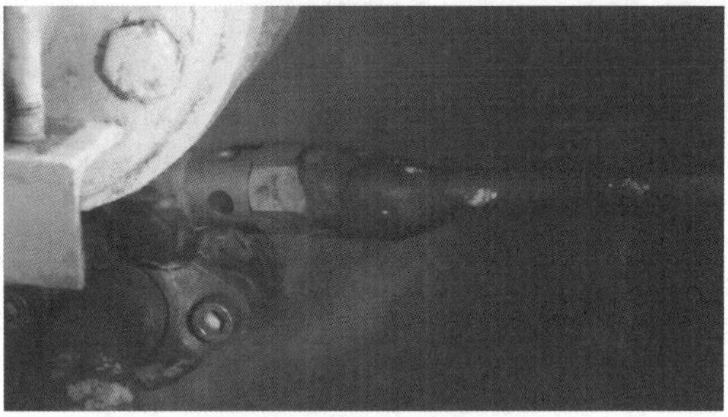

图 9-18　真空喷射泵抽吸淡水

这个时候要起动一下凝水泵，将冷凝器里的淡水抽走并且将盐度计投入工作，如图 9-19 及图 9-20 所示。

观察流量计工作情况，观察压力表压力。凝水泵起动以后，真空度会有所上升，保持在 70 mmHg 左右，如图 9-21 所示。

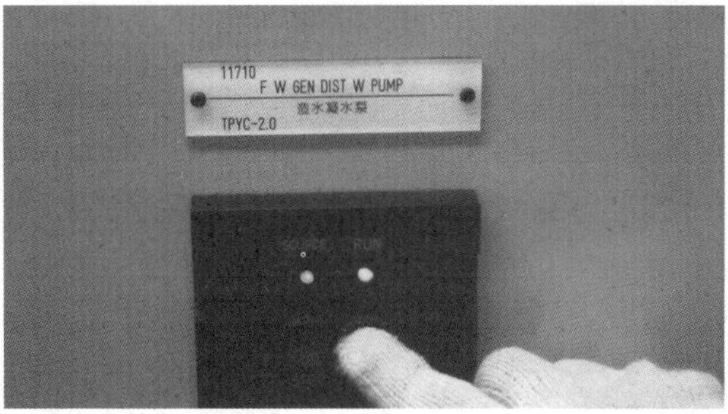

图 9-19　起动凝水泵

图 9-20　起动盐度计

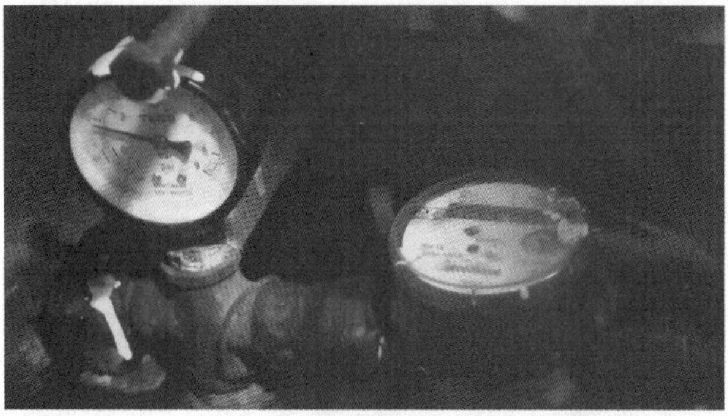

图 9-21　淡水排出压力及流量计

检查一下蒸发温度,如图 9-22 所示。

检查盐水的工作水位,保持在 2 cm 以下,如图 9-23 所示。

调整投药量的调整旋钮,使得投药量保持在 70 mL/min 左右,如图 9-24 所示。

图 9-22　蒸发温度表

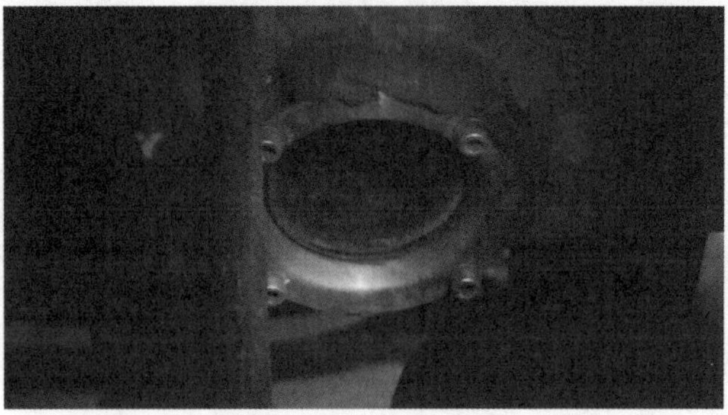

图 9-23　盐水水位镜

图 9-24　给水投药流量调节器

检查加热水的进出口温度及冷却海水的进出口温度，确认它们的温差保持在合理的范围内，如图 9-25 所示。

9.1.3.2　造水机的运行管理

该造水机在运行期间，它的运行参数是非常稳定的。造水机的运行管理，着重从以下几点做起：

第一，注意造水机的真空度以及它的蒸发温度，如图 9-26 所示。

图 9-25　检查加热水工作温度

图 9-26　真空度表及蒸发温度表

真空喷射泵工作水的压力关系到真空度大小,在平时运行过程中要注意检查,如图 9-27 所示。

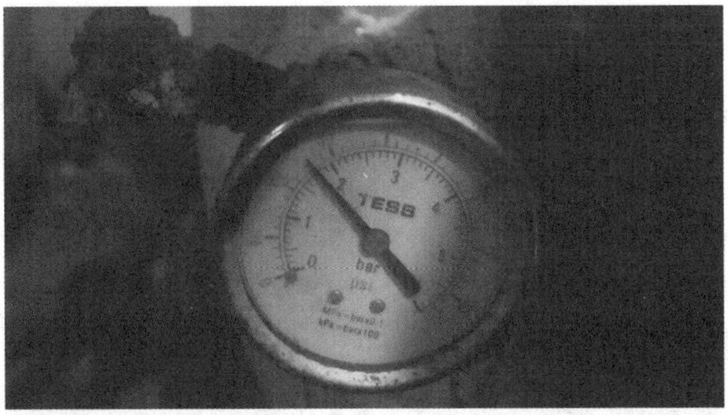

图 9-27　真空喷射泵工作水压力表

在造水机的运行过程中,真空度调节一般有两种方法:一种是调节冷却水的流量,还有一种是通过真空破坏阀来控制真空度。本船海水冷却系统没有旁通设计,所以只有通过真空破坏阀来调节真空度,如图 9-28 所示。

第二,造水机产水量的控制。

造水机产水量的控制,一般是通过调节加热水的流量进行控制的。如果想降低产水量,可以增大旁通阀的开度,通过旁通阀来对造水机的产水量进行调节。造水机产水量还有一种调节方

图 9-28 真空破坏阀

法:控制加热水的温度在合理的范围之内,可以通过调整缸套冷却水的进口设定温度来提高缸套冷却水的出口温度,从而增加加热量,提高造水机的产水量,如图 9-29 及图 9-30 所示。

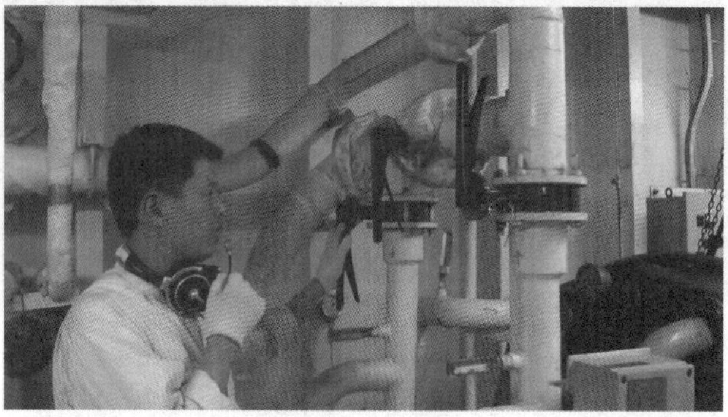

图 9-29 加热水流量调节

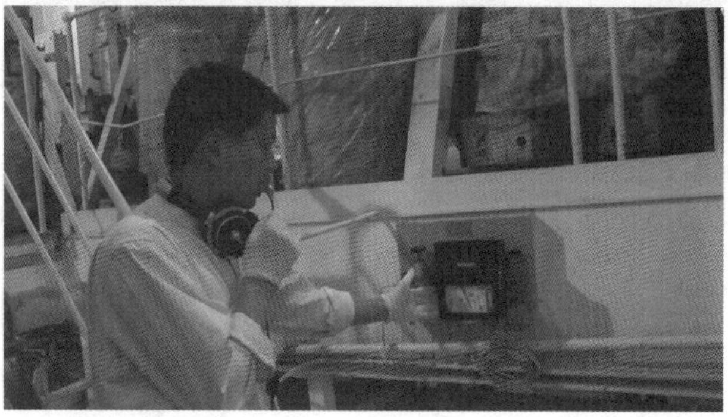

图 9-30 加热水温度调节

第三,造水机给水倍率的控制。

造水机给水倍率太高,加热量都被盐水带走了,产水量低;给水倍率太低,又怕蒸发器结垢严重。在给水管路上,给水阀后面又加了个恒压阀,在平时的工作中,可以保持给水阀全开。独特的设计使得给水倍率一直控制在一个很好的范围之内,如图 9-31 所示。

第四,造水机凝水水位的控制。

该造水机凝水泵的出口流量会随着凝水水位的高或者低来自动调节。正常情况下,凝水水

图 9-31　恒压阀

位是无需控制的。

第五，注意盐水水位检查。

在造水机正常运行过程中，一定要特别注意盐水水位的高低。按照说明书的要求，造水机的盐水水位一般是控制在 2 cm 以下，如果盐水水位超过 2 cm，说明盐水没有被及时地抽走，也就是说真空泵抽盐水的能力已经降低了，这个时候就要去查找原因，如图 9-32 及图 9-33 所示。

图 9-32　盐水水位检查

图 9-33　真空喷射泵

此外,在造水机的运行期间,要注意造水机冷凝器海水进口的温度、冷凝器海水出口的温度,注意造水机加热水进口温度、造水机加热水的出口温度,注意海水进、出口温差以及造水机加热水进、出口温差,冷却海水的温差代表冷凝器的热交换效果,加热淡水温差代表蒸发器的热交换效果。它们的温差要保持在合理的范围内。

检查一下造水机的投药量。注意投药的管路不要出现堵塞的情况,如果出现堵塞的话,蒸发器就比较容易结垢,如图 9-34 所示。

图 9-34　投药量调节

9.1.3.3　**造水机的停止操作**

在正常航行期间,一般造水机一直处于正常的运行状态。在靠港之前,我们要提前将造水机停止工作。

停造水机要先给它停止加热。首先全开造水机加热水的旁通阀,接着全关造水机加热水的进口阀以及出口阀,如图 9-35 所示。

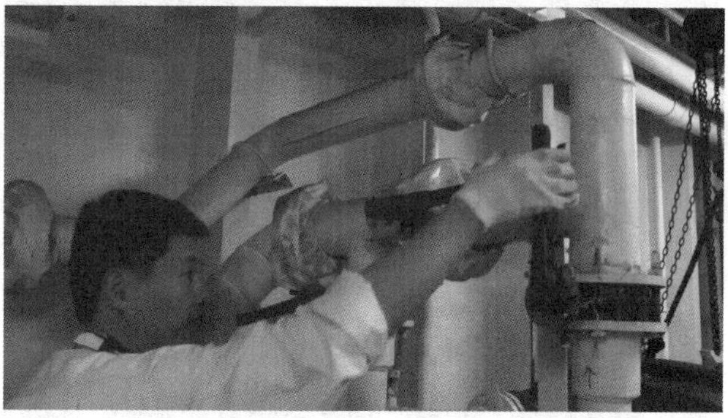

图 9-35　加热水旁通阀全开

打开真空破坏阀,如图 9-36 所示。

真空破坏阀全开之后,停造水机的凝水泵,盐度计停止工作,如图 9-37 所示。

凝水泵停止工作之后,不能马上将造水机海水泵停掉,因为造水机需要一个冷却的时间,需要海水泵继续提供冷却水,给水阀也保持开启的状态。如果马上停掉造水机海水泵,余热会将蒸发器里面的海水蒸干,从而在蒸发器里面结满盐垢。这个冷却的过程大概需要 7~10 min 的时间。观察造水机的蒸发温度,判断造水机冷却情况,直到完全冷却,如图 9-38 所示。

图 9-36 真空破坏阀全开

图 9-37 盐度计停止工作

图 9-38 蒸发温度计(24℃)

停止造水机海水泵工作,如图 9-39 所示。
关造水机海水泵的进口阀,如图 9-40 所示。
关造水机海水泵的出口阀,如图 9-41 所示。

图 9-39 停止造水机海水泵工作

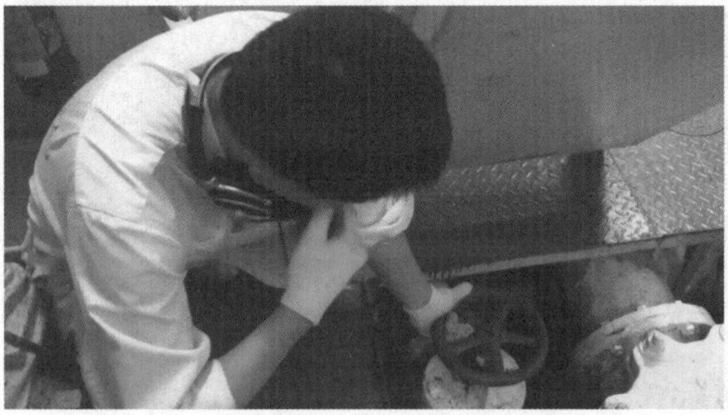

图 9-40 关造水机海水泵进口阀

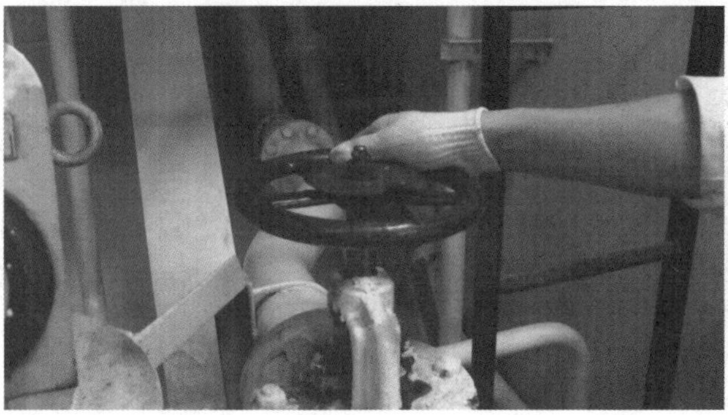

图 9-41 关造水机海水泵出口阀

关造水机冷凝器的海水进口阀,如图 9-42 所示。

关造水机喷射泵的出海阀,如图 9-43 所示。

关造水机给水阀,如图 9-44 所示。

图 9-42　关造水机冷凝器海水进口阀

图 9-43　关造水机喷射泵出海阀

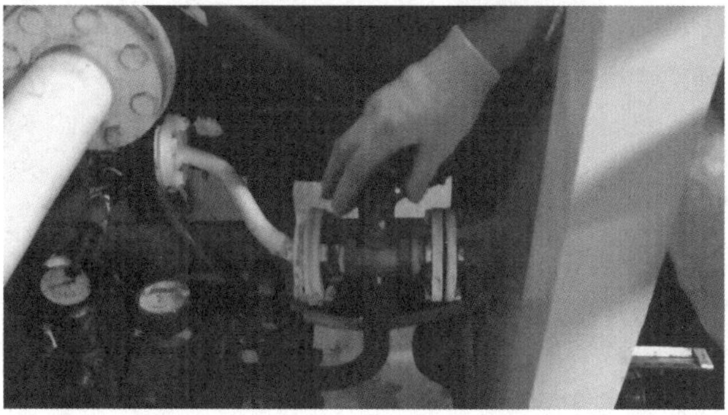

图 9-44　关造水机给水阀

关造水机投药桶的出口阀，如图 9-45 所示。

关造水机淡水舱的进口阀，如图 9-46 所示。

图 9-45　关造水机投药桶的出口阀

图 9-46　关造水机淡水舱进口阀